아름다움산책
Promenade

펴 낸 날 2017년 11월 15일 초판 1쇄
지 은 이 김홍식
펴 낸 곳 발언미디어
펴 낸 이 문영미
주   소 서울시 동대문구 왕산로 81, 203-1호, 두산베어스타워 (우)02577
등록번호 : 제305-2002-000073호(1993년 6월 1일)
전   화 02)929-3546
팩   스 02)929-3548
이 메 일 baleon@hanmail.net
페이스북 : facebook.com/BALEONpublishinghouse
ISBN 978-89-7763-085-7 93610
디 자 인 임파컴(impacom@hanmail.net)
값 16,500원

도서출판 발언의 임프린트 회사인 발언미디어입니다.
여행, 취미, 건강, 실용 등 다양한 교양 분야의 단행본들을 기획, 출간할 예정입니다.
독자 여러분들의 많은 관심 바랍니다.

ⓒ김홍식 2017
※ 본책은 저작권자나 도서출판 발언의 승인없이 일부 또는 전부를 사진 복사나 디스크 복사 및 기타 다른 매체를 이용하여 복사하거나 사용할 수 없습니다.
※ 일부 이미지의 경우 저작권자 확인을 하지 못하였습니다.
※ 잘못된 책은 구입하신 곳에서 교환하여 드립니다.

아름다움산책
Promenade

옛 건축의 아름다움 그 수수께끼를 풀다

김홍식 지음

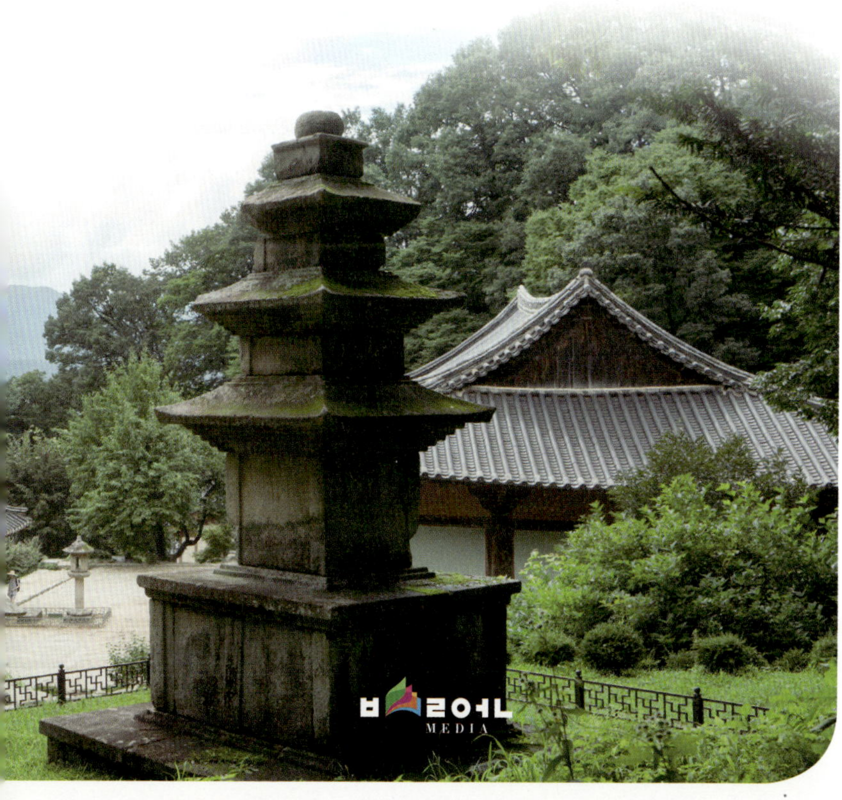

옛 건축의 아름다움을 산책하다.

필자는 한국 건축을 연구하기 위해 30여년 이상을 현장 답사만 다니다가 이 세기에 들어와서부터는 우리 옛 건축을 현대화하고자 많은 노력을 기울여 왔다. 그간 한옥 붐이 불어서 '한옥을 어떻게 지을 것인가?'에 대한 책들이 많이 쏟아져 나왔다. 그런데 막상 건축가가 관여하는 현장에서는 한옥의 맛을 살려서 설계한 집을 찾아보기가 어렵다. 필자가 문화재 심의를 할 때 한옥에 어울릴 만한 건축을 설계해 달라고 요청하면 건축가들이 내놓는 답들은 대부분 한옥과 유사한 전돌, (서양식)나무, 흙(사실은 드라이비트) 등의 재료들이나 전통 문살 혹은 조각보 같은 형식의 문양들이 고작이었다. 우리는 우리의 정신이 깃들어 있는 우리 식의 독특한 디자인을 아직도 제대로 만들지 못하고 있는 것이다. 이는 우리나라 건축인들의 재능 탓도 있겠지만 우리나라 건축계의 교육 시스템의 문제가 더욱 크다고 본다. 우리 건축에 대한 체계적인 연구와 학습을 통해 자연스럽게 우리만의 전통미가 녹아들어 그 아름다움이 표현되는 부활의 맛이 없기 때문인 것 같다. 우리 건축의 미학에 관한 추구와 열망은 여기에서부터 시작될 수밖에 없다.

필자는 수많은 옛 건축을 조사하고 양택론(陽宅論)에 관한 학위 논문을 쓰는 등 철학과 미학의 관계에 대해 지속적으로 연구를 계속 하고 있다. 불교 선종과 교종의 미학, 성리학 주리론과 주기론의 미학 등을 강의하거나 글을 써오던 중 기회가 되어 대한건축사협회의 건축문화신문에 그에 관한 내용을 연재할 기회를 갖게 되었다. '전통건축의장서설'이란 다소 딱딱한 주제로 약 40여회에 걸쳐 글을 썼는데, 이 책은 그 내용을 중심으로 꾸려졌다.

비록 옛 건축에만 한정되는 논리는 아니겠지만 우리 건축의 아름다움이라는 수수께끼를 풀기 위해 가벼운 산책을 떠나보자. 아름**다움**산책에는 아래와 같이 세 가지 산책로가 준비되어 있다.

첫 번째 산책로는 철학과 세계관의 문제이다. 주기론자의 집과 주리론자의 집은 그 철학이 서로 다르기 때문에 여러 면에서 차이점이 있다. 마찬가지로 우리나라 불교에서는 율종과 법상종, 법성종, 선종 등의 사찰 배치가 각각 다르다. 최근의 건축 이론에서 기능을 중시한다든가 단순한 아름다움보다는 윤리적인 점을 중시하는 등 여러 가지 경향상의 차이를 보이는 것과 마찬가지다.

두 번째 산책로는 공간론이다. 집터를 어디에 그리고 어떻게 자리 잡을 것인가 하는 문제인데 풍수지리도 여기에 포함된다. 이는 좋은 터에 마을을 자리하고 집을 배치하는 방법들에 관한 것으로, 마을의 규모에 따라 그 기준이 달라지기도 한다. 이에 관한 우리나라의 대표적인 책인 '택리지'와 더불어 각종 양택서가 이 공간론을 다루고 있다. 중국 책인 '양택삼요'에 정택, 동택, 변택, 화택에 대한 이론이 소개되어 있는데, 마당이 하나만 있으면 공간이 움직이지 않기 때문에 정택이라 하고 마당이 둘 이상이면 공간이 움직이기 시작하기 때문에 동택이라 일컫는다. 그리고 마당이 5개 이상이면 공간이 하나의 음악적 율동으로 변하기 때문에 변택, 마당이 10개 이상이면 공간이 하나의 오케스트라처럼 차원이 달라지기 때문에 화택이라고 한다. 이 이론은 후대에 정리된 우리의 양택서인 '택보요전'이나 '민택삼요'에서도 그대로 수용하고 있다.

마지막 세 번째 산책로는 우리 옛 건축의 아름다움들이다. 이것은 장인들의 몫인 까닭에 체계적인 저서는 별로 없지만 대신 성과물들이 여기저기 꽤 많이 남아 있다. 요즘은 인터넷이 잘 발달되어 각종 자료들을 쉽게 접하기도 하고 받아 볼 수도 있지만 이것이 체계적으로 정리된 것은 별로 없다. 필자도 이에 관하여 일목요연하게 분류하거나 정리하지는 못했지만 이 책에 수록된 내용만이라도 알릴 수 있게 된 것이 일반 독자들에게는 우리 옛 건축을 이해하는데 큰 도움이 되리라고 생각한다.

사진과 그림들은 문화재로 지정된 경우 문화재청의 사진을 가급적 사용하였고 그 외의 경우 공유 마당 등 인터넷 공간에서 사용이 허락된 자료들을 사용하였다. 귀한 사진과 자료들을 사용하도록 공개해 주신 분들과 문화재청에 감사드리며 이번 경험을 바탕으로 향후에는 필자가 소지하고 있는 여러 자료들도 그럴 가치가 있다면 정리하여 공개해야겠다는 생각이다.

또한 이 책이 완성될 때까지 노력해 준 가족과 우리 연구원들, 병원의 의료진 그리고 제자들의 배려에 감사한다. 그리고 출판을 위한 원고 정리의 실무 작업을 해준 민동곤 후배님과 어려운 환경에서도 꾸준히 출판운동을 하고 있는 김선문 사장에게도 고마운 마음을 전한다. 아울러 필자의 논리 전개에 꼭 맞는 이미지들을 넣고자 하는 욕심에 상태가 좋지 않은 이미지들을 굳이 사용한 점은 독자 여러분들의 넓은 양해를 구한다.

파장동 선장헌에서 김 홍 식

| 목 차 |

ONE 아름다움 산책로 1
Promenade

그 시대의 세계관을 담다.

1. 예술품은 그 시대의 사람을 닮는다. 12
2. 우리나라의 석탑은 중심에 똑바로 놓인 게 하나도 없네! 18
3. 좌로 돌게 할 것인가, 우로 돌게 할 것인가! 28
4. 도가(道家)의 엄격함 - 정도전의 경복궁 38
5. 술가(術家)의 자연미 - 광해군의 경희궁 44
6. 영남의 남인과 기호 서인의 집들 - 주리론자와 주기론자 48
7. 남인과 서인의 차실(茶室) - 다산의 다도와 다산초당 58
8. 계파 율종의 건축은 왜 불탑을 높이 세울까? 64
9. 유가종계(법상종)의 건축은 왜 불탑을 2개로 나누어 세웠을까? 72
10. 불국사의 석가탑, 다보탑은 왜 그렇게도 다른가? 84
11. 화엄종 사찰 - 원효계와 의상계 90
12. 구산선문의 탑과 가람 96
13. 백제와 고려시기 불교의 변천과 불탑 114
14. 여말선초의 라마식 다층 석탑과 백장청규식 종(鐘)모양 부도 122
15. 망탑(望塔) - 가람 밖에 서 있는 탑 128

TWO 아름다움 산책로 2
Promenade

규모에 따라 공간이 바뀌다.

1. 양택론의 기본 이론과 동서사택(東西四宅) 138

2. 한양 도시계획에서의 동서사택론(東西四宅論) 146

3. 우주의 중심인 집의 복판은 마루일까? 마당일까? 156

4. 체상용(體相用)의 미학 164

5. 국, 방, 좌, 향(局, 方, 座, 向)을 중요시하다. 168

6. 정택(靜宅)과 동택(動宅)이란? 198

7. 전각(殿閣)에서의 변택(變宅)과 화택(化宅)이란? 206

8. 일으키고 이어가는 기승(起承)의 아름다움 214

9. 르 꼬르뷔지에도 우리의 전통공간계획을 알고 있었나? 222

THREE
아름다움 산책로 3
Promenade

다양한 아름다움들을 디자인하다.

1. 짧은 모서리를 집의 정면으로 삼다. 234

2. 세로로 길게 배치하다. 242

3. 둥그런 지붕을 얹다 - 천원지방(天圓地方) 254

4. 하늘을 나는 경쾌함 - 순천 선암사 강선루 260

5. 다리를 물에 시원하게 담그다 - 수각(水閣) 266

6. 다리 위에서 낭만을 품다 - 경주 월정교 270

7. 내민보식 돌다리를 걷다 - 경희궁 금천교 274

8. 옛날 수세식 뒷간은 어떠했을까? - 창덕궁 측간(厠間) 278

9. 창문에 창호지를 붙이기 시작하다. 284

10. 조선시대는 창호가 어떻게 발전했을까? 294

11. 네모기둥과 두리기둥 - 그 쓰임새의 다름 304

12. 없는 듯 있는 계단 - 도깨비 혹을 떼다. 312

걸작 예술품들이 그 시대의 사람을 닮듯이
우리 옛 건축의 언어도 시대에 따라 변화되어 왔다.
조선시대에 들어 탑돌이의 방향이
뒤바뀌어졌다거나 서인과 남인은 조형방식의 면에서 많이 다르다.
이렇듯이 시대의 흐름에 따른 미학의 변화를 알아보자.

그 시대의 세계관을 담다.

1 예술품은 그 시대의 사람을 닮는다.

석굴암, 문화재청

이집트 아부심벨 신전의 신상은 당시의 임금 람세스 2세를 조각했다고 한다. 중국 산서성 운강석굴 제20호의 부처님도 당시 북위의 임금 문성제를 모사하였다. 그렇다면 우리나라 대표적 불상인 불국사 석굴암의 부처님은 누굴 닮았을까? 당시 재상 김대성이 조성했다고 하니 자신을 반영했을까? 아니면 그 때의 임금인 경덕왕을 대상으로 했을까?

이집트 아부심벨 신전, 공유마당(김승호)

운강석굴 20호

삼국시대 통일전쟁 중이었던 그 시기의 귀족들은 모두 말을 타고 칼을 휘두르며 체력단련에 매달렸다. 그래서 그들이 반영했던 부처님은 모두 8등신으로 허리가 잘록하고 어깨가 딱 벌어졌다. 석굴암 부처님도 살이 통통하게 올라 있지만 허리가 S라인인 8등신이다.

이 때 가장 많이 조성했던 부처님이 철조여래 좌상인데 모두 군더더기 없는 완벽한 몸매를 가지고 있다.

석굴암 본존불, 문화재청

충주 백운암 철조여래좌상
(보존처리 전), 문화재청

하남 하사창동 철조
석가여래좌상, 문화재청

부석사 무량수전 앞 석등. 문화재청   단속사지 3층 석탑, 문화재청

마찬가지로 당시의 석등을 보면, 등받침이 경쾌하고 지붕은 날렵하며 군더더기가 없는 쭉 빠진 몸매를 자랑한다.

석탑을 보더라도 일체의 장식을 배제하고 역학적으로 필요한 부분만 남겨서 깨끗하고 경쾌한 느낌을 준다.

그러나 고려시대로 오면 부처님의 볼에 살이 붙고 허리가 없이 통으로 쭉 내려온다. 후덕하게 보이긴 하지만 운동으로 단련된 몸매의 강한 이미지 대신 지적인 자애로움을 준다. 힘이 센 부처님이 아닌 경율을 잘 지키는 덕스러운 분 정도이다. 아름다운 몸매가 아니기 때문에 대신 장식으로 모자를 쓰든가 몸에 목걸이를 매든가 수인(손동작)을 복잡하게 하면서 사실보다 엄청 크게 만들었다.

역시 고려시대의 석등도 구조적으로 약한 등받침의 볼(턱)을 두툼하게 만들었는데, 등받침의 볼만 처져 보이게 할 수 있으므로 지붕에도 부드러운 곡선을 둠으로써 역학적 무거움을 장식으로 감추려고 한다.

이 시대의 석탑 역시 비슷한 경향을 보인다. 옥개석(탑에서 탑신(塔身)의 위에 지붕 모양으로 덮는 돌) 아래 처마 밑에 볼(턱)을 붙여 외관상 육중해 보인다. 석등과 마찬가지로 구조적으로 약해 보이는 부분을 보강하면서 옥개석 또한 도톰하고 부드럽게 곡선처리하여 시각적 효과를 거두고 여러가지 장식적 요소까지 가미한다. 석조가 갖고 있는 단점을 해결하기 위해 볼을 붙인 결과 처져 보여서 아름답지 못하니 이를 감추기 위해 여러 장식들을 덧붙이는 것이다.

조선조에 이르면 아주 못 생기고 이상하게 생긴 분도 부처님 반열에 오른다. 주로 나한전에 배치되는 분인데, 민중 불교의 반영이라고 할 수 있

논산 관촉사 석조 미륵보살 입상, 문화재청

나주 서성문 안 석등, 문화재청

익산 숭림사 나한전(석가모니상은 근래 조성), 문화재청

개성 남개원지 7층 석탑, 문화재청

여수 흥국사 석등, 한국학 중앙연구원, 공유마당

고창 용오정사 기둥, 문화재청

화순 운주사 발형 다층석탑, 문화재청

다. 이 당시에는 집의 기둥으로도 자연그대로의 목재를 그대로 쓰기도 하고 형식이 전혀 다른 양식의 석등이 등장하기도 한다.

석탑에서는 항아리 같은 것들을 올려 앉히는 등 석탑의 양식에도 없던 것을 얹어 놓기도 한다.

우리나라의 경우, 현재까지 남아 있는 건축물은 별로 없는 편이지만 돌로 만든 부처님이나 석탑, 부도, 석등은 많이 남아 있어서 이런 변화를 읽을 수 있게 해주니 다행이다.

 우리나라의 석탑은 중심에 똑바로 놓인 게 하나도 없네!

순천 선암사의 3층 동서 석탑, 문화재청

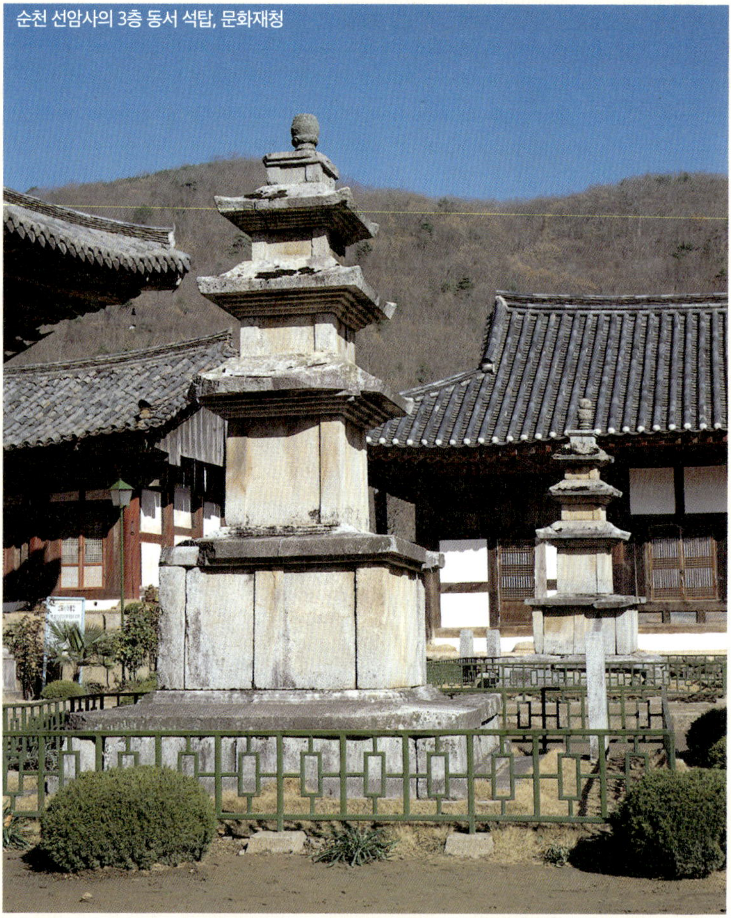

언젠가 순천에 있는 선암사에 들렀더니 대웅전 앞 3층 석탑을 해체 보수하고 있었다. 이 3층 석탑은 당시 탑 안에서 사리장치가 나온 것으로 유명한데, 그때까지 도굴이 되지 않은 몇 안 되는 탑 중 하나이다. 그로 인해 많은 문화재 관계자들이 방문하고 있었다. 사리함 안에는 고려시기 도자기가 비단에 싸여 있었고 그 안에 있던 사리장치는 통일신라 때의 유물이었던 것으로 알려져 있다. 이처럼 이 탑은 사적기의 기록처럼 통일신라시기에 최초로 조성되었고 조선조에 다시 보수되었다는 것을 알 수 있다.

그런데 이렇게 오랜 시간이 흐르며 보수도 거친 이 두 탑은 비례상 비뚤어진 위치에 세워져 있다. 많이 틀어진 것은 아니지만 대웅전에 대해서 좌우대칭도 아니고 서로 똑바로 줄 맞춰져 놓여 있는 것도 아니다.

이처럼 우리나라 사찰의 석탑들은 좌우 대칭이나 중앙 등 비례적으로 오늘날의 감각에 맞아 떨어지게 배치되지 않은 경우가 많다. 구례에 있는 화엄사 5층 석탑이 대표적인 예이다. 심지어 제자리를 지키고 있지 않은 석탑들도 많은데, 공주 마곡사 석탑, 고창 선운사 석탑, 동래 범어사 석탑 등이 그렇다.

선암사사진, 다음지도
(대웅전 앞의 서탑, 동탑이 있다.)

이것은 우선 사찰의 종교관(철학)이 달라진데 기인한다. 화엄사의 경우는 원래 원효 화엄계의 일탑식 가람이었는데 선종으로 종파가 바뀌었다. 이 새로운 철학은 기존의 축에 직각으로 자신의 종지를 새롭게 배치하였다. 그리고 좌우 대칭성을 유지하기 위해 서쪽에 탑을 하나 더 세워 두 개의 탑을 조성하였는데 애초부터 계획된 것이 아니다보니 그 비례

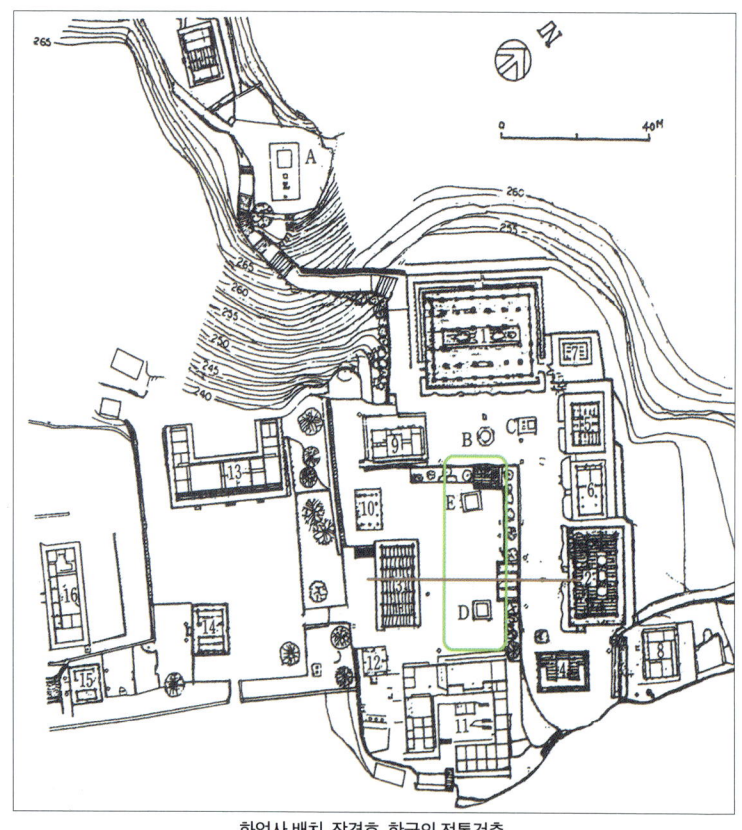

화엄사 배치, 장경호, 한국의 전통건축,
(좌측 1.각황전, 2.대웅전, 3.보제루, D, E가 동탑, 서탑이다.)

가 딱 맞아 떨어진 것은 아니다.

선운사의 경우, 대웅전 앞마당을 조선조 철학인 무탑식으로 하기 위해 노골적으로 탑을 한 쪽으로 치운 것이며 마곡사나 범어사의 경우도 마찬가지의 경우이다. 존재하지만 현실적으로 눈에는 보이지 않는, 즉 있지만 없는 세계를 구현하고자 한 것이다.

화엄사 동서 오층석탑, 문화재청
(오른쪽 축대와 대웅전은 후대에 새롭게 조성되었다.)

화엄사 서 오층석탑, 문화재청
(서탑은 장식이 화려하나 동탑은 단순하다.)

선운사 대웅전과 6층석탑, 문화재청

마곡사 대광보전, 문화재청

다음은 진입방식에 따른 석탑의 위치 변화이다. 석탑은 사찰의 주 건물인 금당(대웅전 등), 진산인 뒷산과 함께 3대 시선의 목표로 중요한 시각점이다. 이것을 우러러보는(仰視) 데 있어 똑바로 놓을지, 비뚤게 놓을지 그리고 만약 비뚤게 둔다면 중앙에는 무엇을 둘 것인지 등의 문제는 매우 복잡하다. 이것이 일직선이면 그 공간이 정적인 공간이 될 것이고 비뚤어져 있으면 동적이긴 하지만 그 공간의 균형을 잡기가 쉽지 않을 것이다.

따라서 관측점의 변화에 따라 석탑의 위치를 바꾼다. 탑은 뾰쪽하므로 목(木)형이고 금당은 대개 용마루가 웅장하므로 토(土)형이다. 그래서 오행의 관점으로 볼 때 진산이 무슨 형이어야 상생할지 또 이것을 마당에 진입하면서 보는 사람의 입장에서 어떤 시각 상에 놓아야 할지 등의 아름다움에 대한 철학, 즉 미학에 따라 관측점이 달라져 왔고 그 달라진 관측점에 잘 어울릴 수 있도록 석탑의 위치를 정하여 전체 공간의 율동을 맞춘다.

그리고 또 한 가지 우리 건축에서 고심한 문제가 있다. 관찰자를 중문을 통과하여 마당에 들어서게 할 것인지, 어두운 누마루 밑을 지나서 마당에 진입케 할 것인

화엄사 각황전과 뒷산, 문화재청

화엄사 대웅전과 뒷산, 문화재청

보제루에서 본 화엄사 마당, 문화재청

지 아니면 누마루 밑을 막고 돌아들게 할 것인지 등의 상당히 복잡한 미학의 문제이다. 시대의 흐름에 따라 보면 조선전기에는 대체로 누마루 밑을 지나서 들어오게 하였는데, 조선후기에는 대부분 누마루를 막고 돌아들게 만들었다. 마당 모퉁이로 돌아 진입하면 마당 공간이 움직이고 있다는 느낌을 받는다.

대표적인 경우가 화엄사이다. 누마루 동쪽을 돌아서 들면 분명 좌우대칭은 아니지만 전체 공간이 균형 있는 공간으로 느껴진다. 지금은 관광객을 위해 계단을 넓게 확장했기 때문에 그 느낌이 덜하긴 하지만 보제루 동북쪽의 끝 모퉁이에서 바라보는 화엄사 마당은 하나의 음악이 흐르는 듯 매우 율동적이다.

서산 개심사의 경우도 비슷한데, 누마루 동쪽 모퉁이를 돌아 해탈문에 들면 하나 밖에 없는 고려 때의 5층 탑이 대웅전과 심검당 사이의 빈 공간을 채워준다. 정적인 공간에서 동적인 공간으로 이동한다고나 할까?

반면, 앞서 말한 선운사의 경우는 다르다. 동 측면에서 진입하면 한쪽 마당에 놓인 석탑이 마당 가운데 있는 것처럼 보이지만 막상 대웅전 누마루 앞에 서 있으면 석탑은 온데간데없이 사라지고 만다.

그리고 순천 선암사의 석탑이 비뚤어진 것도 이러한

서산 개심사 심검당과 대웅전, 5층 석탑 전경, 문화재청

이유 때문이다. 이것들을 오늘날 미학에 맞춰 굳이 한가운데에 똑바로 고쳐 놓을 필요가 없다. 이런 것이 우리 옛 건축의 묘미인 것이다.

그런데 이것들을 굳이 한가운데로 똑바로 고쳐놓는 것들도 있다. 대표적인 것이 통도사 영산전 앞에 있는 3층 석탑이다. 이것도 원래는 한 쪽에 치우쳐 있었는데 일부러 전각 중심으로 이전 복원해 놓은 것이다.

선운사 대웅전 동측면 전경, 문화재청

통도사 영산전앞 석탑, 공유마당(한수일)

3 좌로 돌게 할 것인가, 우로 돌게 할 것인가!

경복궁 근정전, 문화재청
(임금이 보아 왼쪽, 곧 사진 오른쪽인 동쪽이 문관, 서쪽이 무관이 서는 자리다.)

20대 시절, 건축 설계를 막 시작할 때였다. 계단을 오른쪽으로 돌아 올라가게 할 것인가 아니면 왼쪽으로 돌게 할 것인가에 대한 방향의 문제로 열띤 논쟁을 벌인 적이 종종 있다. 실제로 방향은 일상에서는 크게 느끼지 못하지만 항상 중요한 문제이다.

우리나라 역사상 방향에 대하여 고려 때까지만 해도 오른쪽을 옳은 것(다수)으로, 왼쪽을 그른 것(소수)으로 인식하고 있었다. 그래서 정승도 우승상이 높았고 좌승상은 낮았다. 그러나 조선조에 들어서면서 모든 의례는 동입서출(東入西出), 즉 동쪽으로 들어가서 서쪽으로 나오는 것으로 바뀌었다. 정승도 좌정승이 높고 우정승이 낮은 것으로 정리되었다. 또한 조회 설 때 왕이 들어오는 상황도 생각해보면, 동쪽이 왼편(왕이 앉아서 볼 때)이므로 문관들이 동쪽에 섰고 무관들은 서쪽에 섰다. 조회란 것이 문자 그대로 아침에 치르는 것이기 때문에 큰 마당에 동쪽에서 들어서는 이는 동쪽에 있는 회랑 그림자를 밟고 들어가고 서쪽에 서 있는 무관들은 들어서는 왕을 향해 보아야 하기 때문에 아침 햇살로

건원릉의 문인석(왼쪽 사진)과 무인석(오른쪽 사진)

얼굴을 찌푸리지 않을 수 없었다. 이 모습은 왕릉 앞에 서 있는 문관과 무관의 석상 얼굴을 비교해 봐도 금방 알 수 있다.

그렇다면 왜 조선조에 와서 갑자기 오른쪽이 아닌 왼쪽을 높였을까? 조선조에 들어서면서 동입서출을 고집했던 이유는 천문도(천상열차지도)에서 하늘이 그렇게 운행한다고 관찰했기 때문이다. 지구뿐 아니라 태양계 행성의 자전이 모두 동에서 서로 움직인다는 관찰을 믿고 따랐기 때문이다.

이러한 이유로 우리나라 주택이나 사찰은 동남쪽 모퉁이에 대문을 두는 경우가 많았다. 서울의 속설 중 '동대문에 남향집'이란 말은 여기에서 연유한 것으로, 양택론에서는 이런 집을 '동사택(東四宅)'이라고 한다.

그리고 이 밖에도 서산 개심사는 집 앞의 왼편에 가로로 기다랗게 영지(그림자 연못-자신의 업을 비춰 보는 거울)를 두었다. 고려 때라면(개심사는 백제 때부터 계획되었다) 서남쪽에 대문을 두었을 것이다. 하지만 방향의 의미가 달라졌으므로 동남쪽에 대문을 내기 위해 대웅전 남쪽 안양루의 누마루를 낮게 만들고 그 옆에 조그만 대문인 해탈문을 만들어서 그쪽으로 동선을 유도하였다. 사찰에서 이렇게 작은 사주문을 별도로 두는 경우는 매우 드물다.

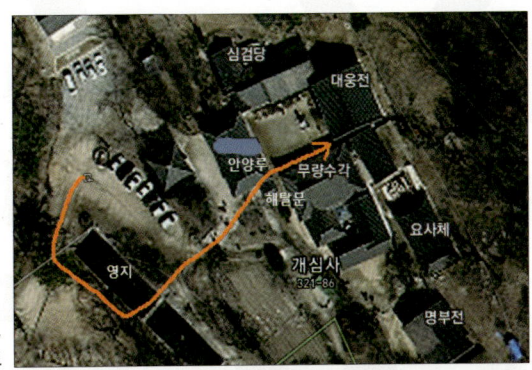

개심사 진입동선, 다음지도

개심사 영지와 건너는 다리, 공유마당(김승희)

개심사 해탈문과 대웅전, 공유마당(이상화)

대웅보전과 무량수각 사이 계단
(대웅전 동문으로 유도하는 여러 암시들을 볼 수 있다.)

또 면밀히 살펴보면 동쪽 요사채 뒤에 있는 건물이 대웅전에 바짝 다가앉아 몸체를 비뚤면서 방문자를 대웅전 동측 문으로 안내하고 있음을 발견할 수 있다. 대웅전 기단 가운데의 계단은 없애고 왼편에만 계단을 둔 것도 중문인 해탈문을 들어선 신도들을 대웅전 동문으로 들게 하기 위함이다. 결국 문을 지나 계단을 보며 마당 왼쪽 요사채인 무량수각을 따라 들어가면 뒷채는 좁히고 앞을 열어 놓아 동문으로 들어서게 하는 것이다. 처마의 서까래만 보아도 들어서는 이들에게 어떤 암시를 하고 있는지 알 수 있다.

구례 화엄사의 경우는 원래 중문이 각황전과 축을 맞추어 현재의 화엄사 내의 강원건물(사진의 각황전 건너편 위치)을 정면으로 보고 있었다. 이것을 각황전에서 볼 때 마당의 왼쪽, 즉 동남향 모퉁이 진입으로 새롭

각황전 정면을 보면서
촬영한 화엄사 전경

대웅전 정면에서 본
화엄사 전경, 문화재청
(원래는 개울을 따라
사진 오른 편 위쪽으로
출입하였으나 진입축이
바뀌어 앞쪽 가운데로
출입한다.)

게 바꾸려고 하였는데(현 대웅전 쪽) 그곳은 지형 상 너무 어려웠고 효율적이지 못했다. 신도들이 들어올 때 사진의 각황전 건너편의 집들을 뒤로 한 바퀴 빙 돌아 들어와야 했기 때문이다. 그래서 궁여지책 끝에 이름은 다르지만 똑같은 전각인 대웅전을 새롭게 세워서 사찰의 남쪽 정면을 아예 바꾸었다. 이렇게 하니 주불전인 각황전의 입장에서는 마당의 서남쪽 모퉁이에 있던 보제루가 새롭게 축조한 금당인 대웅전에서 볼 때에는 마당의 동남쪽에 위치하게 되면서 새로운 철학에 합당한 출입구가 되었다. 그러면서 사찰의 주 출입 동선도 원래는 개울을 따라 올라가다가 각황전 정면에서 왼쪽으로 꺾어 들어갔었지만 이제는 일주문과 보제루를 지나 자연스러운 동선으로 들어가게 하면서 주출입의 흐름이 대웅전 축으로 바뀌었다.

학계의 연구 결과에서 보듯이 대웅전 앞의 축대는 각황전 앞 석축보다 100년은 늦게 쌓은 것이며 대웅전 뒤의 대지도 흙을 판축(板築, 건축물의 기단이나 토벽을 흙 따위로 얇게 다져서 쌓아올림)하여 새롭게 조성한 것임을 알 수 있다. 이렇게 시간 차이가 나듯이 대웅전 앞 계단도 각황전 앞 계단과 다소 다르게 비대칭의 4칸으로 증축되었고 마당에는 5층 석탑도 옮겨왔다. 또한 각황전에 이미 석가모니불이 모셔져 있던 까닭에 새로 지은 대웅전에는 통상의 석가모니 대신 화엄불인 비로자나불이 모셔져 있다.

이런 식으로 주출입구를 바꾼 예는 양산 통도사나 고창 선운사 등 상당히 많이 있다.

양산 통도사의 경우 원래의 출입구는 대웅전 서쪽에 있어서 개울을 따라가다가 지금의 참선(템플스테이)방에서 꺾어 들어가야 했다. 하지만 현재는 출입구를 일주문이 있는 동(남)쪽 모퉁이로 옮겼다. 사실 출입구

말고도 옛 초입의 영산전 앞마당에 있던 신라 때 축조한 3층 석탑을 새로운 초입인 일주문 쪽으로 옮겨놓았었다. 이것을 최근에 다시 원래의 영산전 앞으로 옮겼는데 서방님따라 이사와 수백년 해로하던 탑을 이제 와서 느닷없이 본댁으로 돌려 보내 생이별시키고 만 꼴이다. 미학의 변화에 무지했던 현대인의 과잉복원은 아닐까?

통도사 가람배치 및 진입로의 변천(원래 출입구는 왼편 깊숙이 들어가서
대웅전 쪽으로 꺾어 들어갔으나 나중에 앞쪽 일주문으로 바뀌었다.), 다음지도 편집

무위사 극락보전

4 도가(道家)의 엄격함 - 정도전의 경복궁

조선 건국의 일등공신 정도전은 고려 말의 어려운 모순들(계급 간 빈부격차, 물가 등귀 등)을 해결할 수 있는 방안으로 플라톤이 주장한 철학가에 의한 통치- 교육받은 철학적인 임금과 도덕적인 신하의 왕도정치-를 꿈꿨다. 원리원칙에 입각하여 법제도에 따르고 임금과 신하가 함께 통치하는 공치(共治), 요즘 같으면 입헌군주제 비슷한 것을 상상했는지도 모르겠다. 이러한 정치적 주장과 함께 정도전은 주례(周禮) 고공기(考工記)를 기초로 경복궁을 배치하였다. 주례란 '주나라 예법'이란 뜻으로, 한나라 선비에 의해 편찬되었지만 원리원칙을 강조하는 법가(法家)에 의해 완성되었다.

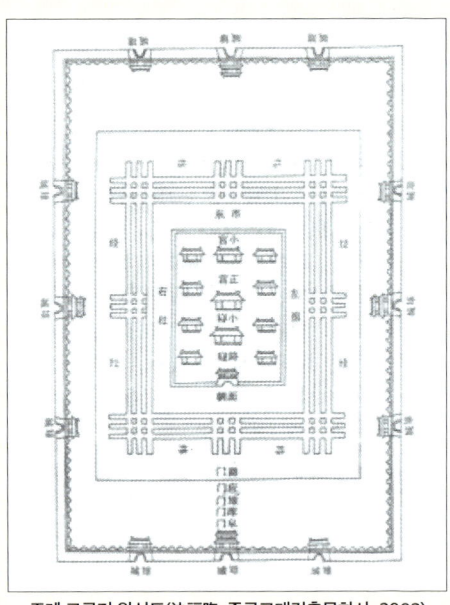

주례 고공기 왕성도(沈福煦, 중국고대건축문화사, 2002)

경복궁의 배치는 태극도설의 그림을 기본으로 하였다. 또한 일직선 축을 강조하여 뒤(坐)는 백악의 8부 능선인 지혜의 눈에 맞추었고(혜안-백악의 8부 능선에 있는 2개의 눈두덩이 같은 바위), 앞(向)은 남산의 끝자락인 숭례문과 일치시켰다.

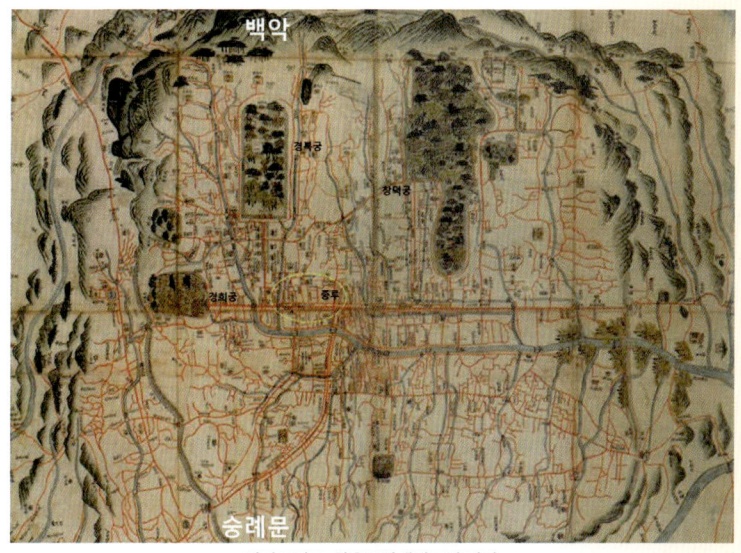

한양도성도, 한울문화재연구원 편집
(참고로 예전에는 광화문에서 숭례문에 이르는 세종대로가 없었고
남대문로를 거쳐 종루에서 돌아 들어오도록 계획했었다.)

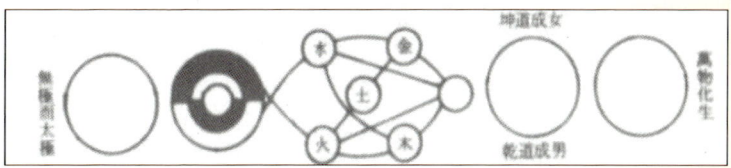

태극도설 (유교사전편찬위원회 유교대사전, 1990)

임진왜란 전의 경복궁 전도를 보면 광화문부터 홍례문, 금천교, 근정문, 근정전, 사정전, 강령전, 교태전까지가 일직선 축으로 배치되었고 주변의 주요 건물들도 모두 그 좌우에 줄지어 배치되었다. 고종 때 재건된 북궐도(경복궁)를 보더라도 후원의 마지막 향원정까지 거의 동일하게 일직선 축에 맞추었음을 볼 수 있다. 이것 또한 태극도설에 덮어 씌워도 대체로 일치하고 태극도설이 원래 인체의 모습을 본뜬 까닭에 사람을 정면으로 세워도 맞아 떨어진다.

이렇게 경복궁의 주요 건물들은 모두 축을 맞추어 배치되었다. 그 축의 좌우에 있는 집들은 네모꼴로 줄지

경복궁과 백악

구한말 광화문 앞 전경

경복궁 복원도, 금릉 김현철

어 짓기는 했으나 중국처럼 좌우대칭으로 배치하지는 않았다.

광화문 네거리를 보면 자금성처럼 오문은 없다. 하지만 양쪽에 6조를 세우고 복판에 광화문과 월대, 해태상을 세웠다. 이 광장의 폭은 왕도(王都)를 훨씬 능가하는 것처럼 보인다. 그리고 궁 안 건물간의 거리는 마치 음악의 장단이자 율동같다. 처음에는 여유가 있고 편안하게 나아가다가 점점 거리가 짧아지면서 클라이막스인 근정전에 이른다. 그러다가 사정전에서는 건물을 대문 앞에 촉박하게 내붙이더니 뒤따르는 강령전에서는 월대를 내세워 건물의 격을 높이고 있다.

음양설에서 근정전이 태양이면 사정전은 소양이고 강령전은 소음, 교태전은 태음이 된다. 이는 전통 율동에서 6단계인 기, 승, 포, 서, 전, 결이며 이 역시 인체의 모습에서 유래한 것이다.

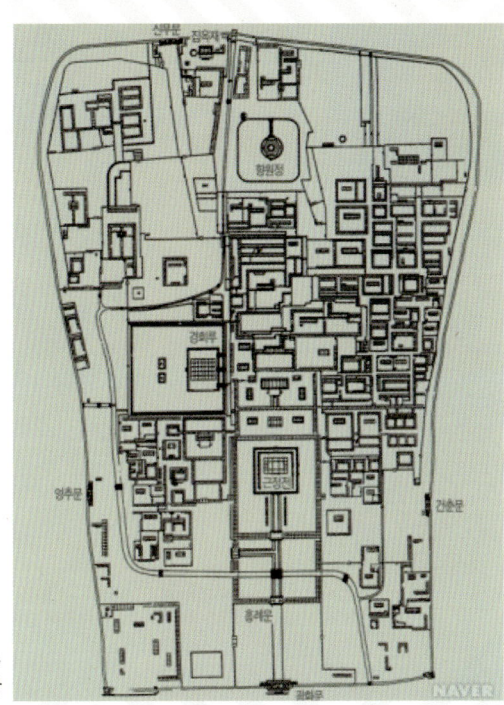

경복궁 배치도(북궐도형),
네이버 지식백과

북경 자금성

5 술가(術家)의 자연미 – 광해군의 경희궁

서궐도, 문화재청(대문은 동향하고 정전은 서쪽 깊숙이 남향한다.)

인조와 인조를 보필하는 신하들은 명나라 말기에 기울어가는 명나라에 대한 의리를 지키겠다는 이유로 청나라에게 정면으로 맞섰다가 남한산성의 치욕을 맛본 적이 있다. 이에 반해 광해군은 함부로 나서지 않고 청나라와 명나라 사이에서 국익을 우선시하는 처신을 했다. 이러한 광해군이 바로 이궁(離宮, 임금이 궁중 밖으로 나들이할 때 머무는 곳)으로 돈의문(서대문) 옆에 경희궁을 지은 인물이다.

이와 관련된 계획은 풍수지리의 대가인 술인(術人) 김일용에게 위탁되어 진행되었다. 술가(術家)인 김생은 창건 초부터 유학자들의 의견을 수렴하지 않아서 많은 반대 상소에 부딪혔지만 (광해군일기, 9년 6월 신유조) 이를 무시하고 대문을 동향으로 놓았다. 임금은 남쪽을 향하여 앉는다는 기본 원칙을 여지없이 깨버린 것이다. 이것은 동궁의 궁궐인 창경궁에만 예외적으로 있던 선례였다. 또한 정전인 숭정전은 모든 전각을 지나도록 도입부를 길게 만들고 내부 가장 깊숙한 곳에 동향축과 ㄴ자로 꺾어 남향으로 지었다. 이 또한 근엄해야 하는 궁궐 정전의 축을 꺾어 지음으로써 틀을 깬 사례이다.

더구나 정전인 숭정전이 좌우대칭으로 배치되지 않는다는 것도 매우 놀라운 사실이다. 정문인 숭정문도 숭정전 중심축에서 한 자 정도 서쪽으로 틀어서 두었고 숭정문으로부터 동월랑은 7간 거리를, 서월랑은 6간의 거리를 두었다. 그 당시에는 왕궁에서 정전과 정문의 축을 맞추지 않고 비뚤게 배치했다는 것은 상상조차 할 수 없는 일이다. 또한 서각루를 서쪽으로 한 칸 튀어나오게 지어서 바깥 정면에서 볼 때는 좌우대칭이 되도록 하였지만 대문 안에 들어서서 보면 동쪽이 훨씬 크게 간잡이 되어 있으며 정문이 살짝 비뚤어져 있는 것을 확인할 수 있다. 하지만 실제 건물에서는 이러한 느낌이 잘 지각되지는 않는다.

숭정전 뒤에 배치되는 자정전은 더욱 심하다. 순조 대에 제작되었다는 서궐도안(설계도)과는 전혀 다르게 숭정전과 일직선 축을 맞추지 않았다. 자정문도 자정전과의 축이 상식에서 벗어날 정도로 어긋나 있으며 숭정전 뒤의 서쪽에 치우친 채 방향은 동쪽을 향해서

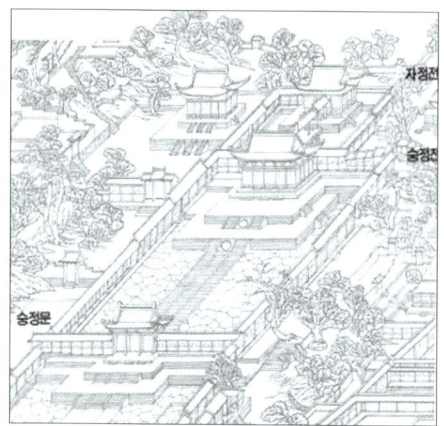
서궐도안 확대
(명지대학교 부설 한국건축문화연구소,
경희궁 숭정전 발굴조사 보고서, 1990.2)

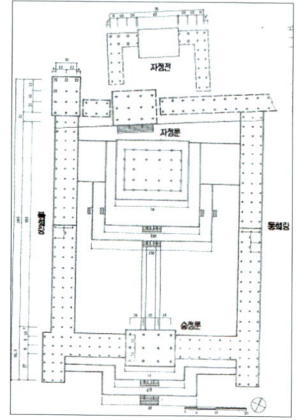
숭정전 자정전 복원도
(명지대학교 부설 한국건축문화연구소,
경희궁 숭정전 회랑 및 자정전 발굴조사
보고서, 1994.2)

복원된 경희궁, 경희궁 홈페이지 편집

비뚤어져 있다. 이에 맞춰 북회랑도 동쪽 부분만 동을 향해 틀어 두었다. 이들과는 다르게 자정전은 중심축만 어긋나 있을 뿐 대체로 비슷한 좌우 대칭으로 ㄷ자 동서 회랑을 두었다. 그렇다면 왜 이렇게 계획한 것일까?

이 당시의 진입 동선은 동입서출(東入西出)이었다. 따라서 숭정전의 동쪽을 돌아 들어가기 위해서는 동쪽을 크게 열어 주는 것이 좋았고 이때의 좌우 대칭의 느낌도 더 보완하기 위해 숭정문을 서쪽으로 약간 밀어 배치한 것이다. 자정전에 들어가는 사람이 돌아들 때 이렇게 배치한 숭정전을 보면, 뒤쪽의 북회랑이 진입자의 시선에 맞춰 몸을 틀어 주는 듯했다. 마찬가지로 숭정전의 뒤를 돌아들 때를 위해서도 자정전이 반대쪽에서 이쪽을 살짝 마주 보게 하면서 배치되었다. 자정전이 자정문에서 동쪽으로 비틀어진 것도 같은 원리이다. 또한 건물이 좌우 대칭으로 놓이게 되면 오히려 비뚤어진 느낌을 주는데 이런 착각을 교정하기 위해 실한 서쪽을 바짝 조이고 허한 동쪽을 넉넉하게 간잡이 하면서 숭정문 앞 서쪽 회랑 한 칸을 비워둠으로써 답답해지는 시각이 이 방향으로 흘러나갈 수 있게 하였다.

이를 서양식 용어로는 '구석(앨코브)기법'이라 한다. 전체적인 진입 동선을 S자로 틂으로써 짧은 길이를 길게 느끼게 만드는 것이다. 이 같은 기법을 쓴 이유는 이곳 지형이 뒤쪽으로는 깊게 뺄 수 없는 자리였기 때문이었다. 이를 예전에는 '도리뱅뱅 미학'이라고 불렀는데 대단히 훌륭한 조형기법이다.

6 영남의 남인과 기호 서인의 집들 – 주리론자와 주기론자

우복 정경세 초당(새로 지은 것임.)

조선 초의 선비들은 퇴계의 문집에 나오는 초정에 관한 이야기, 정경세의 초당, 기타 여러 그림 등에서 볼 수 있듯이 초당(草堂)이나 초암을 지으며 청빈낙도의 삶을 살았다. 이런 미학에 의해 지어진 건축이 일본으로 건너가서 센리큐(千利休)의 초암, 즉 다실이 되지 않았나 추측해 본다. 이처럼 고려가 화려하고 사치스러웠던 상업주의 미학으로 상품 부족과 물가 양등이라는 결과를 가져온 반면, 조선조 성리학은 소박하고 작은 것, 거칠지만 두터운 맛, 생략과 비어있는 조그만 마당이 아름다울 수 있다는 태극 미학을 탄생시켰다. 화려함의 극치인 청자가 대량생산이 가능한 소박한 백자로 바뀌었으며 부처님은 어린애가 만든 것 같은 돌덩어리 수준의 미륵불이 되었다.

고창 용화사 미륵불상, 문화재청

그러나 조선의 사대부 세력도 역시 훈구와 사림으로 갈리면서 붕당정치를 하는 등 각자의 이상을 좇아 변화를 겪으며 진보, 보수를 다퉜고 자신들만의 미학과 예법을 형성해 나갔다. 이는 동인에서 시작되었던 이황 계열의 주리론자들, 즉 남인 또는 영남학파와 이이 계열의 주기론자들, 서인 또는 기호학파 등 크게 둘로 나눌 수 있다.

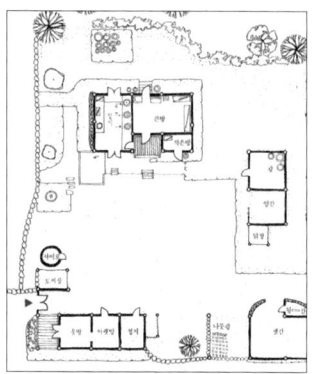

한일자집 평면(김홍식, 한국의 민가)

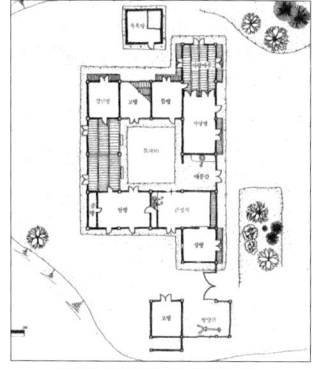

ㅁ자집 평면(김홍식, 한국의 민가)

서유구(1764~1845)의 임원경제지에는 가운데에 봉당을 두고 ㅁ자로 짓는 그 당시 우리나라의 전형적인 집들의 단점을 언급한 대목이 나온다. 그는 회첨골(지붕면이 꺾여 돌아가는 안쪽에 만든 빗물받이 기왓골)에 비가 새는 점, 그늘이 지는 점, 방화가 어렵고 소리가 들리는 점 등을 지적하면서 집이 서로 떨어지도록 짓는 것이 좋다고 주장했다. 이처럼 집을 ㅁ자로 붙여 지어서는 안 되며 한일자로 지어야한다고 주장했던 사람들은 주로 주기론의 입장으로 송시열 학파 계열이 많았다.

반면, 예전과 같이 집을 ㅁ자로 붙여지어야 한다고 생각했던 사람들은 대체로 주리론을 주장하는 영남학파 계열이었다. 이런 이유로 인해 영남과 경기도에는 ㅁ자 집이, 호남과 호서지방에는 여러 채로 구성한 한일자 집이 많았다.

주리론에서는 답답하게 느껴지거나 다소 불편하더라도 예에 맞춰서 비뚤어지지 않고 똑바르게, 즉 원리원칙을 따르려는 경향이 있었으며 이에 반해 주기론은 통풍과

통기를 중요시하며 다소 짜임새 없어 보이더라도 개방적으로 편리하게 살려는 기능주의적 사고를 표출하고 있다.

다행히 1700년대 이후의 집들은 더러 남아있어서 이들의 건축 철학을 실물로 볼 수 있다. 이를 통해 ㅁ자 집이냐, 한일자 집이냐 라는 구분을 넘어서 그 속에 담긴 그들의 집에 대한 미학을 살펴보고자 한다.

영남학파의 맥을 잇는 미학에서는 좌나 향에 관계없이 정침의 전후좌우를 중시하여 간잡이하였다. 이런 철학의 영향으로 영남지방 주리론자

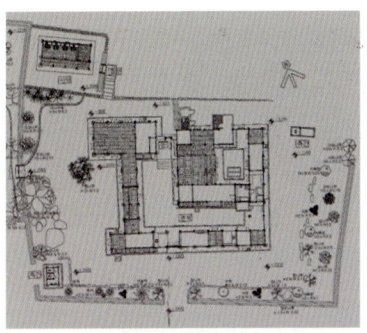
의성 김씨 학봉 종택(김성일-남인)

의성 김씨 남악 종택(남인)

상주 우복(정경세-남인) 종택, 문화재청

(주로 남인)들의 집은 그 간잡이가 비슷하게 이루어진다. 남향집인 경우에는 좌당우주의, 다시 말해서 머리(건넌)방을 왼쪽에 두고 오른쪽에 부엌이 앞으로 오는 꺾음집 간잡이를 우선으로 했다(예외도 물론 있다). 안채 앞 계단은 중앙에 놓이는 것이 일반적이었고 대문은 한쪽 모퉁이에 두었다. 좀 더 오래된 간잡이는 대문을 중앙에 두고 모퉁이에서 꺾어져서 진입하도록 계획하기도 하였다.

소쇄원 제월당 계단 댓돌, 문화재청

외암마을 건재고택 안채의 디딤돌, 문화재청

한편, 사랑채 출입은 계단이나 댓돌, 디딤돌 등을 놓아 쪽마루 측면 모퉁이에서 출입하도록 짓는 것이 18세기 이전의 일반적인 예법이었다. 이것은 기호지방 서인들의 집인 소쇄원의 제월당이나 외암리 참판댁에서도 찾아 볼 수 있다. 담장을 둘러 쳐서 다소 폐쇄적인 영남학파와는 달리 서인들의 집은 기능에 따른 편리성을 강조하여 보다 개방적이었고 대청의 높이도 낮았다. 또한 집을 떨어트려 놓거나 비뚤어지게도 배치하였고 외부로 개방된 뒤꼍 길에 출입문을 놓기도 하였다. 특히 사찰, 규모가 큰 집 등에서는 후대에 중상주의 철학에 입각하여 장식을 화려하게 하는 경향도 나타났다.

주리론자들의 경우 양동에 있는 서백당처럼 대문간을 정침에 바짝 다가서게 두거나 서원의 외삼문, 내삼문을 가까이 붙도록 배치하였다. 이와는 달리 주기론자들은 문간을 넉넉하게 떨어지게 두는 등 다른 미학을 보여주고 있다. 그러나 20세기에 다가서자 고집스러워 보이던 이런 주리론자의 미학도 기호학파의 영향인지

송석헌 사랑채와 영풍루(오른편),
문화재청(난간과 높은 마루)

담장의 한 면이나 두 면을 열어 두는 등 보다 개방적으로 바뀌어 나갔다.

주리론자의 집에서는 댓돌(정확한 용어는 디딤돌이다)보다는 난간 등을 강조하였다. 영남지역의 경우 사랑채 마루에 난간을 두르고 그 높이도 높았다는 점에서 다르다(마루의 높이는 후대가 될수록 마치 누마루처럼 더욱 높아졌다). 남인들이 이처럼 마루에 난간을 둘러친 것은 예(禮)의 동선을 강제하기 위함이었다. 또한 마루의 높이나 출입(대)문의 위치 등도 예법에 따른 동선을 결정하는 중요한 요소였다.

한편 기호지방의 서인들은 난간보다는 주로 댓돌을 이용해서 예(禮)의 동선을 유도했다. 후대에 오면 기호의 민가에서는 출입할 수 있는 댓돌을 마루청이 없는 창문에까지 놓기도 했는데, 예를 강조하는 영남지방에서는 볼 수 없는 미학이다.

이와 같이 댓돌의 유무는 예학의 계보에서 어느 유파에 속하는지를 판단할 수 있는 중요한 근거이다. 그런데 수리를 할 때 전면의 난간을 제거해 버리고 댓돌이나 디딤돌을 함부로 설치하는 경우가 자주 있다. 자칫하면 전혀 다른 미학으로 들어서게 되니 문화재를 보수하는 사람들은 주의해야 한다.

아산 외암리 참판댁 작은댁 사랑채 댓돌, 문화재청

참판댁 큰댁 사랑채, 문화재청

아산 외암마을 초가 전경

7 남인과 서인의 차실(茶室) – 다산의 다도와 다산초당

다산초당과 그 앞의 다조, 문화재청

다산은 참으로 차를 즐겼던 것 같다. 우리나라 다도의 중창조이며 해남 대흥사에 기거한 초의선사와도 교류하며 차를 구하는 편지를 많이 남겼고 다신계도 만들었다. 「다산사경」에서도 "다조는 못 정자의 앞에 있다."고 하며, "청석은 평평하게 갈고 갓난애(깨끗한) 솥인데 차 달이는 조그만 아궁이는 초당 앞에 있네."라고 읊조리는 등 다조(차 부뚜막)라는 단어를 쓰며 차에 대한 애정을 보여주고 있다.

이 같은 여러 정황을 보면 그가 다도에 심취했던 것이 분명한데 그렇다면 다산이 어떤 형식의 다례를 즐겼을지 호기심이 생긴다. 다산은 남인이다. 비록 남인 벽서파의 탄핵 때문에 강진으로 유배오기는 했지만 크게는 남인으로 분류된다. 그리고 "그의 소년 제자였던 이시헌은 소론 가계에 속한 터여서 후일 학통의 연원을 찾아 성근묵의 문하로 들어갔다. 그럼에도 불구하고 다산에 대한 향념을 끝까지 간직했다."라고 한 것을 보면 그가 남인으로 간주되었기 때문에 그의 문하에 서인이 접근하기가 어려웠다는 것도 알 수 있다. 그렇다면 다산은 남인으로서 남인류의 영남파 다례를 즐겼을까? 아니면 유배지였던 남도에서 유행했던 서인류의 기호파 다례를 즐겼을까? 그것도 아니라면 더 세류인 남도파 다례를 즐겼을까?

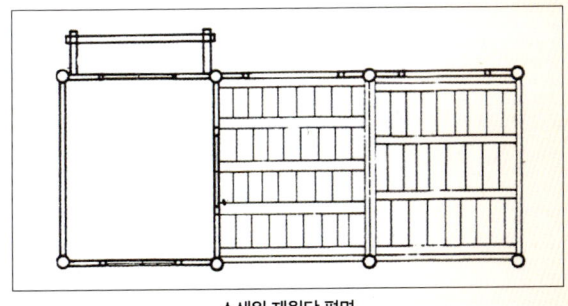

소쇄원 제월당 평면

먼저 남인들의 다도와 서인들의 다도가 어떻게 달랐는지 잠깐 살펴보고자 한다. 서인의 차실들은(원래 모습보다는 후대에 중수된 것들이 많지만) 무등산 북쪽 골짜기 소쇄원이 있는 곳 주변의 정자들일 것으로 추측하고 있다. 이들 모두 건축 연대가 다산 활동 시기보다 늦기 때문에 규모는 조금 커졌다. 서인의 대표적인 차실은 소쇄원 제월당인데, 크게 눈에 띄는 부분은 없지만 대청이 2칸이고 전면과 머리면, 2면이 트여있다는 것이 특징이다. 조금 늦게 지어진 곡성의 군지촌정사는 머리 쪽 3면이 모두 트여있다.

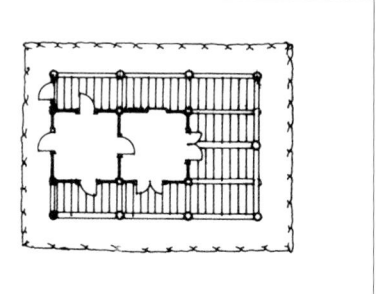

곡성 군지촌정사 사랑채 평면

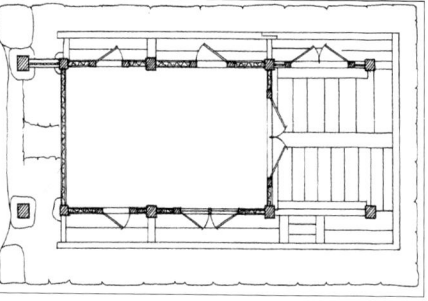

봉화 청암정 내 서재 평면

소쇄원 제월당(뒷면은 담이 없다.), 공유마당(이응준)

곡성 군지촌정사, 문화재청
(사랑채로서 접근이 쉽도록 앞뒤의 담이 없다.)

청암정에서 본 서재의 전경,
네이버 지식백과

한편, 남인의 차실이라고 할 수 있는 봉화 닭실마을(유곡리) 청암정 안에 있는 충재 권벌의 서재는 대청이 한 칸이며 역시 2면이 트여 있다.

조금 연대가 앞서는 경주 독락당(옥산정사)의 계정은 전면만 개방되어 있다.

이 지역 차실의 대표적인 예인 봉화 닭실마을 석천정사의 서쪽 재실을 살펴보면 건물이 작고 낮으며 상하 구들로 구성되어 있다.

다시 정리해 보면, 남인들의 차실은 작고 사방이 막혀 있으며 규격화되어 있는 반면 서인들의 차실은 대청이 조금 크게 만들어지며 최소한 2면은 개방하는 간잡이 방식을 택한 것을 볼 수 있다.

남인의 차실에서는 원래 안채와 사랑채를 비뚤게 놓지 않는다든지, 담장을 확실히 돌린다든지 하는 특징을 찾아 볼 수 있는데, 차실이 조선 말기에 차츰 사라지면서 남도 해안지대에만 남은 결과 후대에는 영남, 호

독락당 계정, 문화재청

남이 대체로 비슷한 형태를 띠게 되었다. 조선 말기에 서인 계열의 미학이 우리나라 전반적인 형식이 된 것도 이런 연유인 것이다.

이처럼 변화하는 시대를 지켜보았으니 다산도 조금 개방적인 기법을 적용하여 차실을 만든 것이다. 그러나 그 당시 다산이 지은 차실은 지금 재건된 강진의 다산초당과는 전혀 다른, 소규모의 폐쇄적인 형식이었다. 원래의 다산초당은 기본적으로 남인 계열의 방식을 쓰고 있지만 서인들의 개방적인 간잡이 방식을 섞어 썼다고 할 수 있다. 남인 방식으로 담장을 두르되 앞쪽만 두르고 뒤쪽은 서인 방식으로 자연에 노출시키는 등의 절충된 방법으로 말이다.

다산초당도에 그려진 초당 모습

# 8 계파 율종의 건축은 왜 불탑을 높이 세울까?

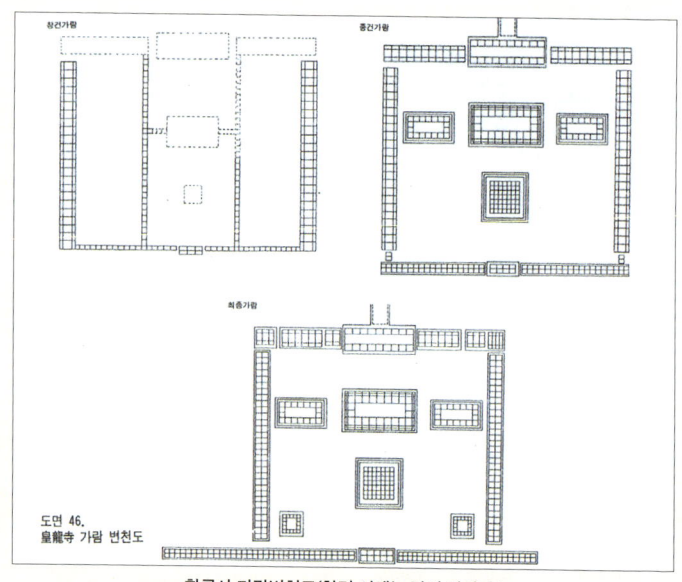

황룡사 가람변천도(창건 시에는 탑이 작았다.)
장경호, 한국의 전통건축

지금부터는 불교의 세계로 들어가 보도록 하자.

옛날에도 왕국교체기에는 몹시 혼란스러웠다. 부족 간에 가치관의 차이가 너무 컸다. 예를 들어, 유목민들은 하늘이 만민을 낳았으므로 하늘 아래 만물은 공동의 재산이라 주장하였으며 농경민들은 반대로 땅에서 태

아쇼카왕 석주

어났으니 자신의 노력만큼 사유재산을 가지고 자신만 즐겁게 살면 된다고 말하였다. 이런 가치관의 차이들을 종식시킬 수 있는 사람은 부처님이 아니면 전륜성왕(인도신화에서 통치의 수레바퀴를 굴려 세계를 통일·지배하는 이상적인 제왕), 즉 요즘 말로는 독재자로, 가치관의 차이를 독재자의 힘으로 물리적으로든 정신적으로든 통일시키는 존재였다.

역사적으로 가장 유명한 전륜성왕은 인도를 통일시킨 아쇼카 왕이다. 얼마나 무서운 사람이었으면 자신의 이복 형제 99명을 단지 왕위를 노릴 수 있다는 이유로 죽여 버릴 정도였다. 이러한 그가 인도 통일 후 가장 먼저 한 일은 각 지방에 불탑을 세우고 부처님을 따라 계율을 지키도록 강요한 것이었는데, 이는 불교라는 가치관을 확립하라는 왕명이었다.

우리나라의 삼국시대도 이와 유사했다. 혼란스러운 사회, 지긋지긋한 전쟁 등 이런 것들을 깨끗하게 일소하고 우리에게 평화를 가져다 준 부처님 같은 전륜성왕은 누구였을까?

바로 신라의 대표적인 왕인 진흥왕이다. 그는 조그맣던 신라의 영토를 북으로는 함경도까지 넓혔고 서쪽으로는 가야를 멸망시켰으며 서북으로는 백제를 속여 한강까지 진출하였다. 이렇게 조그만 신라에게 넓은 영토를 안겨준 시대에 왕권(부처)을 상징하는 황룡사의 초기(진흥왕 14년, 553~566년) 목탑이 조그맣게 지어진 것을 보면 의외라는 생각이 들 정도다.

다음 왕인 선덕여왕(632~647년 재위)은 진평왕을 계승하였으나 단지 여성이라는 이유로 사방의 왕으로부터 멸시를 당하였다. 그러자 자장율사가 나서 아홉의 오랑캐를 진압하기 위해 9층의 세계 최대 목탑을 세웠

황룡사 목탑 추정 복원도, 문화재청

다. 이것은 1탑3금당의 형식이지만 탑의 규모나 높이로 보아 율종계(계율을 닦아 익히는 것을 위주로 하는 불교의 종파)의 미학을 반영하고 있다고 볼 수 있다.

탑의 총 높이는 무려 79m에 이르며 망탑으로서 9층까지 걸어 올라갈 수 있도록 계획되었다.

황룡사 9층탑보다 앞서 지어진 목탑들은 고구려의 청암리 금강사지 목탑과 정릉사지 목탑으로, 이 두 목탑의 평면은 모두 8각이라는 공통점이 있다. 금강사지 목탑은 좌우에서 동서 금당지가, 북쪽으로는 또 하나의 큰 금당지 그리고 남쪽에서는 문지로 추정되는 집터가

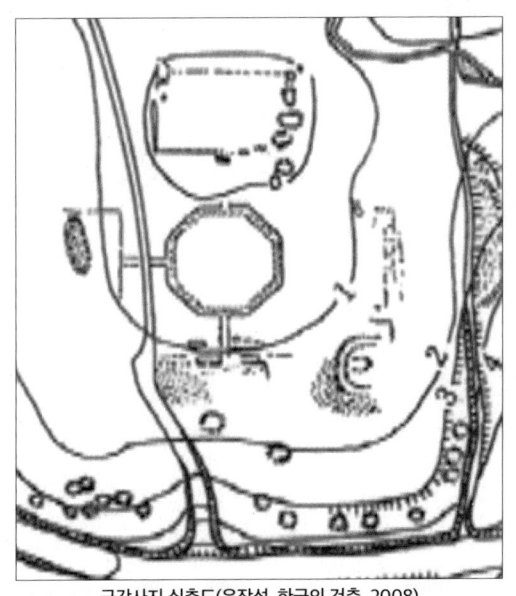

금강사지 실측도(윤장섭, 한국의 건축, 2008)

발견되었다. 또한 목탑의 기단 한 변은 고려척으로 70자 (24.5m)로 총 8각 7층이며 탑 높이는 61m였을 것으로 추정되고 있다.

한편, 정릉사지 목탑은 기단 한 변이 고려척으로 50자 (17.5m)로 총 8각 5층이며 탑 높이가 약 40m 정도였다고 추정된다.

그런데 특이한 것이 모두 높은 탑을 중심으로 사방에서 에워싸는 듯한 배치를 하고 있다는 것이다. 이는 전륜성왕을 중심에 두고 이를 온 국민이 받들어야만 우리의 미래가 있다는 율종계의 철학을 반영하고 있다.

신라의 진흥왕에 비견되는 왕은 백제 무왕과 고구려 소수림왕이다. 무왕은 전설에 의하면 전쟁이 없는 평화를 염원하여 신라 공주를 부인으로 맞이하였고 익산 미륵사를 세웠다. 이러한 미륵사에는 아직도 동양에서 가장 크다는 석탑이 서 있는데, 이 석탑은 서탑에 해당한다. 동탑은 최근에 복원했으며 중탑은 발굴 결과에 따르면 목탑으로 판명되었다. 이 중탑인 목탑의 기단은 한 변이 18.5m로 석탑의 기단보다 훨씬 크다. 비례 상으로 보면 높이가 석탑의 약 2배 정도 이상이었을 것으로 추측하고 있다.

전체 배치를 보면, 미륵사는 가운데 높은 목탑이 있고 동서 양쪽에 우람한 동양 최대의 석탑이 호위병으로 서 있으며 이것을 각각 회랑으로 둘러 각자의 금당을 지니고

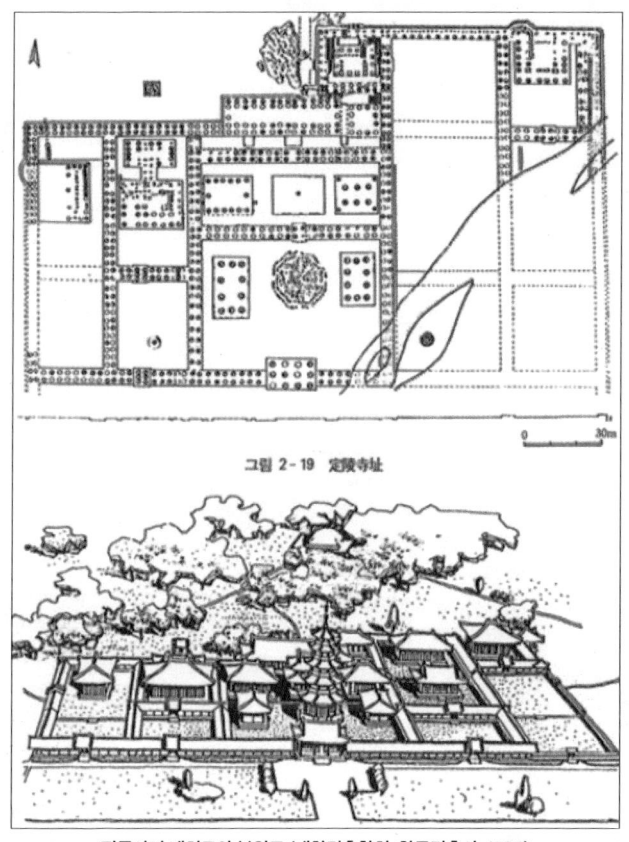

그림 2-19 定陵寺址

정릉사지 배치도와 복원도 (대한건축학회, 한국건축사, 1996)

복원된 미륵사지 동탑, 문화재청

있는 것이다. 3탑 3금당 식으로 뒤쪽에 있는 강당이 이것을 하나로 아우르고 있는데 그 길이가 무려 65m에 이른다.

우리나라의 경우, 나라가 혼란스러울 때마다 자장율사 같은 고승이 나와서 계율을 강조하였다. 보통 세상의 중심에 서 있는 높은 탑들이 이를 상징하였으며 그 주위에는 이것을 호위하는 건물들이 사방으로 혹은 한 발 뒤로 물러 세워졌다. 그리고 이것은 곧 부처 혹은 전륜성왕을 상징하였고 서민들은 이들의 위대한 힘에 의지하여 평화와 질서를 간절히 기원하였다.

미륵사지 전시실 모형, 문화재청

9 유가종계(법상종)의 건축은 왜 불탑을 2개로 나누어 세웠을까?

안동 운흥동 전탑, 문화재청

이웃나라 일본을 목탑의 나라라 한다면 중국은 전탑, 우리는 석탑의 나라라고 할 수 있을 것이다.

우리는 중국으로부터 목탑과 전탑의 기술을 배워왔으나 처음에는 기본적으로 전돌을 굽는 기술이 미숙하여 돌을 전돌(벽돌)처럼 다듬어서 전탑을 만들었다.

그러나 백제에서는 무령왕릉과 그 옆의 또 하나의 벽돌무덤에서 보듯 전돌을 굽는 기술이 있었음에도 불구하고(중국 기술자가 벽돌을 만들었다고도 한다) 그보다 가공기술이 더 발달했던 돌로 목탑을 모사한 석탑을 만들었다. 목탑은 짓기가 어려웠을 뿐 아니라 매년 유지보수가 만만치 않았고 작은 벽돌을 이어 붙이는 전탑은 목탑의 우아하고 날씬한 선 맛을 나타내기가 어려웠기 때문이다. 이렇게 지혜와 경험을 통하여 석탑의 내구성을 가지면서도 목탑의 멋이 살아있는 우리나라 특유의 석탑이 탄생하게 되었다.

석탑 가운데 가장 많은 것이 통일신라기의 3층 석탑이다. 다음 페이지의 그림처럼 2층의 뼈대식 기단 위에 3층의 지붕을 올리고 지붕받침을 5단으로 한 형태가 이 시기의 전형이었다. 기단의 숫자가 줄거나 지붕받침의 단이 적어지면 제작시기가 후대의 것이라고 판단되는데 고려 중기 정도에 오면 몸통의 귀기둥까지도 생략된다. 아무튼 이러한 전형은 경주 감은사에서 시작하여 불국사 석가탑에 이르러 완성된 것으로, 이 모두가 유가종계(7세기 후반 인도에서 성립한 대승 불교의 한 종파)의 철학을 반영한다.

공주 석장리 고분군(무령왕릉), 문화재청

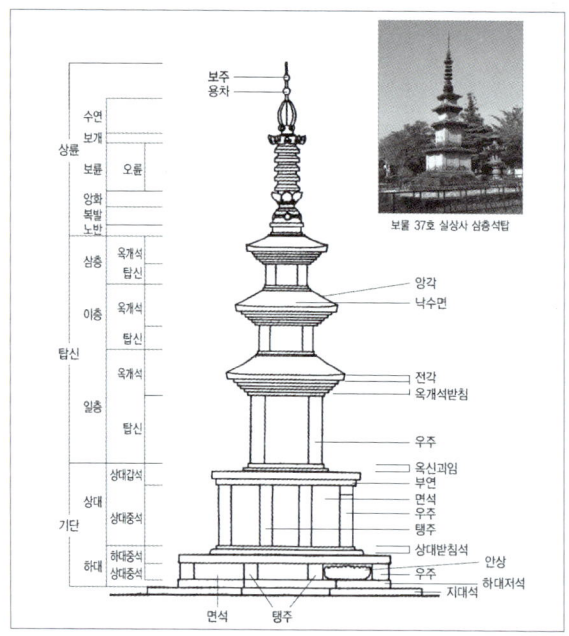

탑 부분 명칭, 문화재청

감은사지 석탑, 문화재청

우리나라의 불교는 율, 삼론, 유가, 화엄, 선, 천태와 밀교 등 수 많은 종파가 외부로부터 전래되었다. 이 가운데 유가종은 고려 중기까지 위세를 떨쳤으며 화엄종에 의해 뒤처지는 듯했지만 통일신라 말 이후에까지 법상종으로 발전해 갔다. 유가종(법상종)은 인간과 세상 만물의 생멸을 완전히 이해하려 하였다. 예를 들면, 반야심경의 '색(6식(識)에 의해 감지되는 것)은 곧 공(빈 것)이요, 빈 것은 곧 색이다(色卽是空 空卽是色)', 즉 인간의 본체는 원래 빈 것이고 사람과 만물은 몸이 사라지더라도 끝없이 윤회한다는 사상에 대해 윤회할 주체도 없이 어떻게 윤회할 수 있느냐는 의문을 던졌다.

이에 대한 답으로 6식(識) 아래에는 우리의 의식을 지배하는 7식(무의식, 가치기준)의 세계가 있고 또 그 근저에는 무의식의 세계에 영향을 주는 8식(유전자)이 있어서 이것이 우리를 윤회케 하는 주체가 되는 것이라는 결론을 내렸다. 다시 설명하면 사람이란 눈, 귀, 코, 혀, 몸의 5가지 감각기관을 통해서 받아들인 5식을, 인식의 눈(6식)과 무의식의 눈(7식), 그리고 그 아래 유전자에 의해 유전되는 8식에 의지하여 판별하며 이 땅에서 살아가는 대단히 합리적인 존재라는 것이다.

이들은 불교의 삼보에 있어서도 훌륭한 한 왕(전륜성왕)보다 합리적인 법이 우선되어야 하고 이는 곧 세상이 잘 다스려져 편안(便安)하기 위해서도 왕보다는 잘 짜여진 율령격식(律令格式)이 더 중요하다고 주장했다. 특히 우리나라는 율령을 고구려가 소수림왕 2년(서기 372년)에, 백제는 이보다 100년쯤 뒤에, 신라는 백제보다 또 100년쯤 늦은 시기에 반포했는데 이는 불교를 승인하는 시기와 일치하기 때문에 이 같은 점이 시사하는 바가 크다.

불교에서는 원래 이 삼보(三寶)를 회랑으로 두른 사찰 경역 안에 차례로 세웠다. 회랑에는 출입을 위한 대문을 두고 이어서 석가모니 부처를 상징하는 탑, 중앙에는 자신의 종파를 상징하는 부처를 모신 금당, 뒤쪽으로는 승려들이 불법을 닦는 강당을 두었다.

앞 장에서 다루었듯이 전륜성왕의 왕권 강화를 중시하는 율종에서는 맨 앞의 탑을 중심으로 사찰을 배치하므로 탑 주변에 2금당 혹은 3금당의 배치를 보이다가 1금당으로 바뀌는 과정을 겪는다. 이때는 불(전륜성왕=탑)과 법(율령=금당)을 동등하게 본 것이다. 그러다가 세상이 법치에 의해 합리적으로 다스려져야한다는 유가종계에 와서는 법을 상징하는 금당을 중심으로 가람을 배치하게 된다. 천군리사지에서 보듯이 대문에서 볼 때 금당을 가람의 중앙에 두고 양쪽에 탑을 2개로 나눠 세우며 강당은 맨 뒤에 놓아 금당을 내세우고 옹위하는 형식을 갖춘 것이다.

통일 이후에는 각 부족의 통합을 달성할 무소불위의 전륜성왕

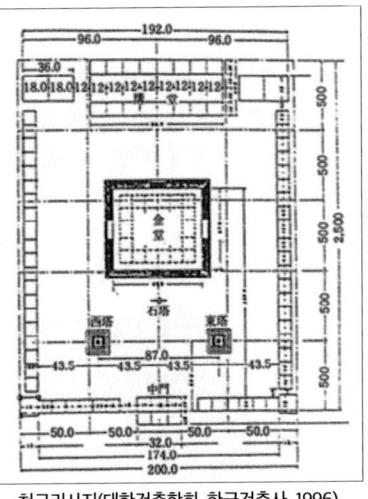

천군리사지(대한건축학회, 한국건축사, 1996)

보다는 공존을 위해 율령격식을 따르는 법치가 요구되었다. 황룡사 이전의 모든 탑이 단탑이고 사천왕사 이후의 것들이 모두 쌍탑이었던 이유는 이처럼 법령에 율령뿐만 아니라 격식이 갖추어지기 시작한 시기의 유가종계 학파가 맞물려 있기 때문이다. 이렇게 해서 쌍탑, 이중기단, 3층, 5개의 옥개석 받침으로 구성된 똑 같은 형태의 통일신라기 전형적 3층 석탑이 도처에 널려 있게 되었다. 당시 대세를 이룬게 유가종계 사상으로 이들이 모두 이런 석탑을 조성했으므로 석탑이 모두 유사했던 것처럼 보이는 것이다. 쌍탑 사찰의 대표적인 경우는 문무왕 때 창건된 경주의 사천왕사와 감은사이다. 사천왕사에는 금당을 중심으로 전면에는 2개의 목탑이, 뒤쪽에는 2개의 경루가 있어서 높은 탑들이 사방에서 금

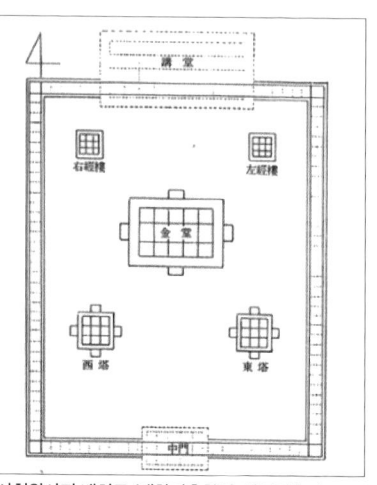
사천왕사지 배치도 (대한건축학회, 한국건축사, 1996)

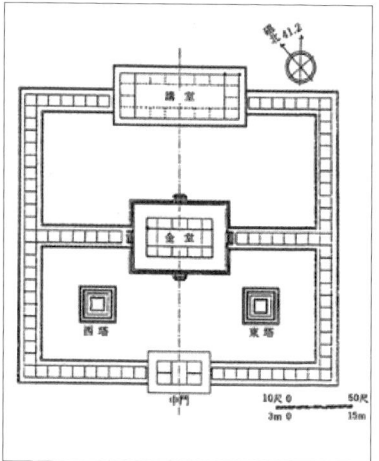
감은사지 배치도 (대한건축학회, 한국건축사, 1996)

당을 모시고 서있는 듯하다.

감은사는 금당을 한 가운데에 두고 사이에 회랑을 쳐서 강당 공간의 독립성을 확보했으며 쌍탑 공간은 상대적으로 작게 구성되었다. 오히려 석탑의 시원이라고 불리는 커다랗고 당당한 두 탑들을 작은 마당에 가둔 느낌을 주어 답답함을 느낄 정도이다. 사천왕사는 밀교(密敎)계 사찰이고 감은사는 유가종계 사찰인데 왜 이처럼 유사한 점이 있을까? 이는 밀교계에서도 삼밀유가종을 설파하고 있어서 사찰 배치 형식 역시 비슷한 형태를 띠는 것으로 보인다.

이들 유가종계(법상종)는 또한 세상이 대단히 합리적으로 구성되어 있다는 생각을 가지고 있어, 모든 사찰의 비례를 기하학처럼 맞춰 컴퍼스로 네모꼴의 대각선을 그리거나 세모꼴의 중심을 찾는 등 무엇이든지 딱 맞아 떨어지게 계획하였다. 세상이 완벽한 유클리드적 기하학의 세계로 이루어졌다고 믿었으므로 그들이 계획한 모든 사찰을 그렇게 만들었던 것이다.

실제로 경주 황룡사나 불국사, 익산 미륵사지를 분석하면 모두 컴퍼스의 동그라미 안에 맞아 떨어진다. 또한 그들은 탑을 3층으로 만들어 3성의 상징을 담고 5급으로 지붕을 받쳐 유가종 학파의 분류법인 오위백법(일체의 만유제법(萬有諸法)을 크게 다섯 종류의 총

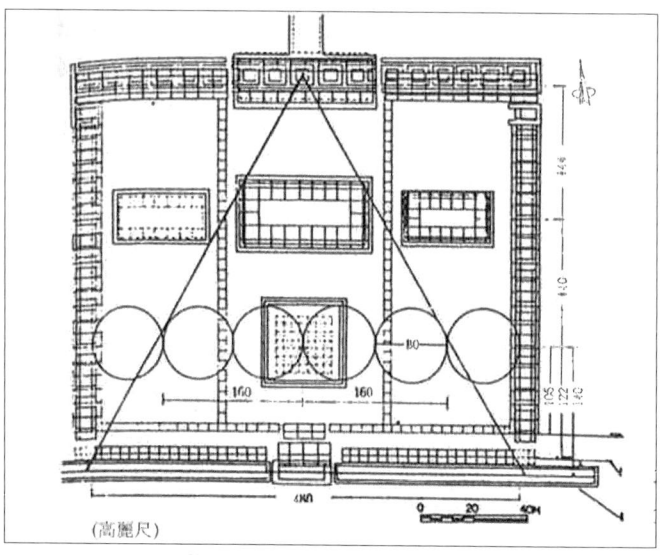

황룡사 가람, 장경호(백제사찰건축, 1991)

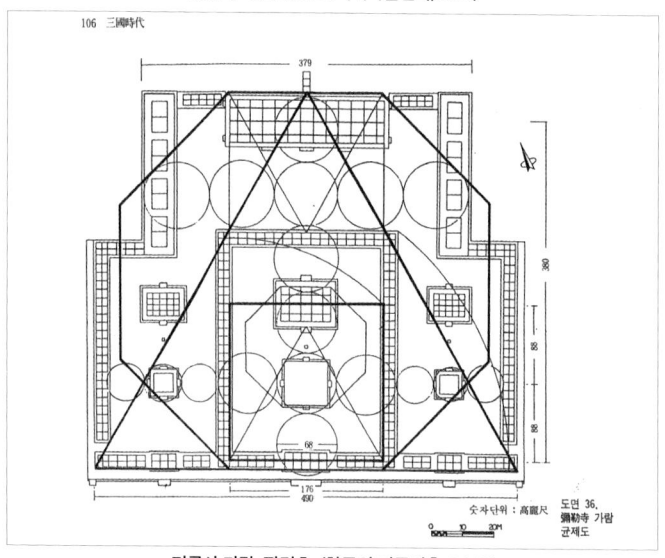

미륵사 가람, 장경호, (한국의 전통건축, 2010)

100개의 법으로 나눈 것)이라는 의미를 적용하는 등 숫자의 의미에도 집착하곤 했다.

이처럼 우리는 유가종계(법상종)가 표준적인 상징성에 대단히 매달렸다는 사실을 여러 곳에서 발견할 수 있다. 하지만 이것은 유클리드 기하학의 체계를 부정하는 화엄종의 유행에 밀려 차츰 사라진다.

단속사지 동 3층석탑, 문화재청

남원 실상사 동, 서 3층 석탑, 문화재청

경주 고선사지 3층 석탑, 문화재청

10 불국사의 석가탑, 다보탑은 왜 그렇게도 다른가?

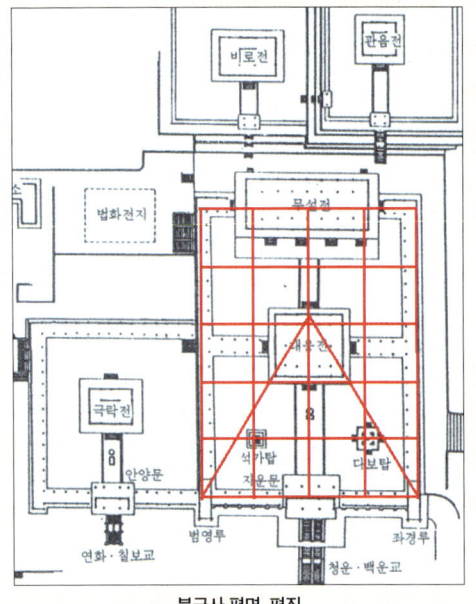

불국사 평면, 편집

불국사 배치는 분수(分數)가 잘 돼 있기로 유명한 사찰이다. 다보탑과 석가탑 사이 간격의 1/2을 단위 기준으로 하여 그 일정한 배수로 건축물들을 배열했다.

석가탑과 다보탑의 배치는 비율상으로 닮은 점이 많아 보인다. 두 탑 모두 회랑의 가로와 세로의 전체 너비가 단위 기준의 4배와 5배이고 금당의 북벽 중심은 남회랑 너비로 이루어지는 정삼각형의 꼭지점과 일치한다. 두 탑의 아래층 기단너비 또한 두 탑 거리의 1/6이다. 이러한 유사점들에도 불구하고 두 석탑은 전혀 다른 느낌을 준다. 왜 그럴까?

경덕왕 10년(751년), 김대성이 친부모를 위해 불국사를 중건할 때는 유식학파(인도 대승 불교의 한 학파. 미륵의 유가사지론을 중심으로 하여 인도에서 형성되었다. 유가종과 같은 의미로 쓰인다) 사찰로 계획했었지만, 몇 년이 걸려 준공할 즈음에는 화엄학파인 의상의 손제자 신림과 표훈이라는 두 스님이 주석하게 되었다.

유식학파는 법을 중시하는 학파로서 사람이 현세에 쌓은 업이 후생에 전달된다고 주장하였다. 그들은 탑을 쌍탑으로 나눠놓고 법을 상징하는 금당을 절의 중심에 놓았는데, 이것이 당시 위세를 떨쳤던 유가종(법상종)의 기본 틀이다. 이러한 정형화된 3층 석탑의 대표적인

다보탑과 석가탑, 문화재청

불국사 비로전 비로자나불 좌상, 문화재청

불국사 천수관음도

불국사 비로전과 관음전(뒷 건물)

표상이 바로 석가탑이며 애초에는 같은 모양의 쌍탑으로 계획했을 것이다.

그러나 새로 주석한 화엄학파의 표훈은 최소한의 변경으로 유식학파의 사찰을 화엄학파의 사찰로 바꾸어야 했다. 여기서 등장한 아이디어가 동쪽의 석탑을 다보탑으로 변혁하는 것이었다. 그리고 석가모니 부처(석가탑)가 전생에 다보여래(다보탑)를 증인으로 비로자나(빛-금당)부처님 앞에서 다음 생에 부처가 될 것을 맹세하고 있다는 상징의 전설을 만들었다. 그러나 대웅전에 비로자나부처님을 모시자니 금당과 맞지 않는다고 생각했던 이들은 비로자나불을 화엄종의 상징 전각인 비로전에 모셨고 그 비로전을 사역의 맨 뒤 무설전 위에 따로 배치하였다.

또한 극락전은 유식학파가 백성들을 위해 밀교계 사상을 흡수한 사역이다. 이러한 극락전은 본전인 금당보다 한 단 낮은 곳에 배치하였고 '백성들은 먹는 것이 하늘'이라는 철학을 반영하여 연화칠보 다리를 건너 올라가 안양문을 들어서면 극락의 세계가 된다는 의미를 담고 있기도 하다.

불국사 극락전에 드는 연화칠보 다리, 문화재청

그리고 청운교, 백운교와 신선들만 산다는 자하문을 지나 금당에 들어서면 비로소 빛(비로자나)이 주관하는 세계에 들어가는 것이다. 여기에 들어가기 위해서는 차안에서 피안으로 건너가야 한다. 따라서 백운교, 청운교 아래에는 구품연지가 있었다고 한다(이것은 1960년대 말 발굴하면서 발견되었다). 이것은 본래 영지(影池)인데, 이곳을 건너가면서 자신의 업(業)을 영지에 비춰본다고 해서 '업경(業鏡)'이라고도 불렸다. 영지는 유가계 사찰에서는 물론 조선 초까지도 사찰이나 제실 등에서 집의 초입에 많이 조성되었었고 조선 중기 이후에는 흘러가는 개울로 이것을 대신하기도 했다.

그러나 화엄학파에서는 이 업경을 중요시하지 않았다. 따라서 표훈은 이것을 메워 버렸고 이곳에 비춰지던 석가탑의 그림자는 사라지고 말았다. 그래서 그 이후로 석가탑은 무영탑이란 이름으로 불렸고 이를 조성한 아비지는 비통 끝에 물속에 빠져 죽고 만다는 이야기를 소설가 현진건이 쓰기도 하였다. 유가종계 사찰이 화엄종계로 바뀔 때의 처절함이 그대로 표현된 전설이라고 본다. 이처럼 다보탑과 석가탑이 전혀 다른 형상을 하고 있는 것은 불교 종파가 달라졌기 때문이다.

청암정을 돌아나가는 개울.공유마당(장춘보)

불국사 자하문과 청운교 백운교(아래 있던 영지는 메워졌다.), 문화재청

11 화엄종 사찰 – 원효계와 의상계

부산 범어사 의상 영정, 문화재청

일본 교토 고산사 원효 영정

유가종학파와 화엄종학파는 가르침에 있어서도 상당히 다르다. 유가종에서는 사람의 능력에 따라 세 가지 깨달음의 길이 있다고 주장하는데 반해(3승), 화엄종에서는 불교의 참다운 가르침은 오직 하나(1승)이고 그걸 따르면 모든 이가 부처가 될 수 있다고 주장한다. 이념이 다른 신생 통일 국가가 개국되었을 때 꼭 필요한 철학이었다.

화엄종에는 크게 2개의 학파가 있다. 하나는 원효계이고 다른 하나는 의상계이다. 의상은 유학파였지만 풍기 부석사에 많은 제자와 주석했고 해인사 등 화엄 10찰이 잘 알려져 있다. 원효는 국내파로 분황사에 주석했고 구례 화엄사가 대표 사찰이라고 전해진다.

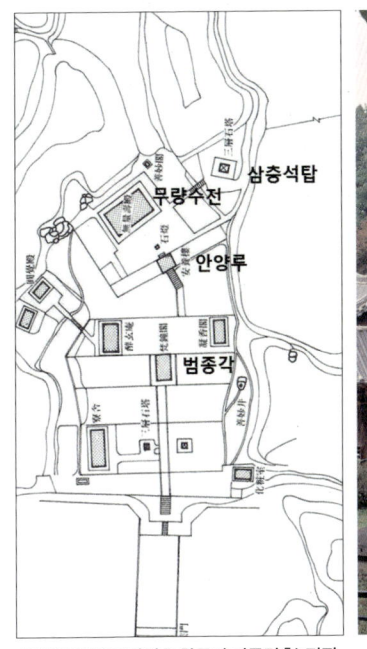

부석사 배치도(장경호,한국의 전통건축) 편집   부석사 3층석탑, 문화재청

의상계인 부석사에는 원래 탑이 없었다. 현재 뜰 앞에 놓여진 2개의 3층 석탑은 최근에 주변 유가종계 폐사지에서 옮겨온 것이며 무량수전 동쪽 둔덕에 세워진 3층 석탑은 부석사가 선종 사찰로 개조되었을 때 조성된 일종의 부도탑으로서 조사(祖師)의 승탑(僧塔)이다.

부석사 전경(오르는 계단이 많이 보인다.), 한울문화재 연구원

대신 부석사의 가람을 만들 때 불국사나 감은사처럼 대지를 평지로 만들어 그 위에 올린 것이 아니라 지형에 맞춰 여러 개의 단을 조성하였다. 이것은 화엄에서 사람의 경지를 10가지 세계로 보는 것과 조응하는데, 이는 지옥, 아귀, 축생, 수라, 인간, 천상, 성문, 연각, 보살, 불계이다. 이 가운데 앞의 6가지는 범부의 세계이고 뒤의 4가지는 성자의 세계이므로 '6범 4성'이라고 한다. 이것에 맞추어서 여러 개의 중복되는 문과 층단(켜)을 만들었다. 유가종에서 중히 여기는 업경(業鏡/연지)은 없애 버렸지만 피안의 세계로 들어가는 높은 축대는 여기서도 여전히 유효하다.

해인사 대적광전 앞 3층 석탑, 문화재청

해인사 법보전에 오르는 축대

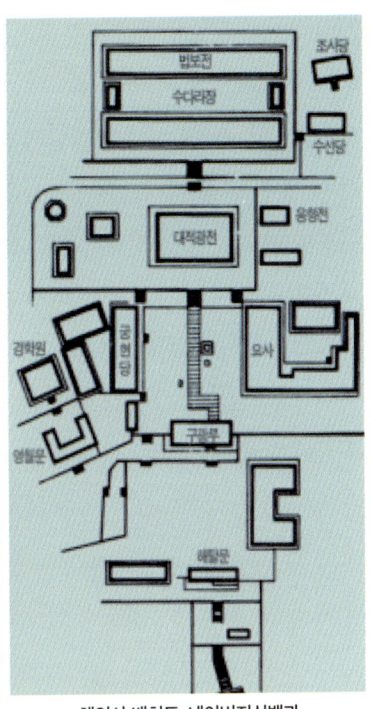

해인사 배치도, 네이버지식백과

의상계 화엄 사찰에서 자주 나타나는 밀교계의 관음전 역시 여기서는 찾아볼 수 없다. 대신 아미타불을 모신 무량수전을 높은 축대 위에 비뚤어 앉혔다.

역시 의상계 사찰로서 가장 명성을 날렸던 해인사를 보자. 석탑이 있긴 하지만 대웅전(대적광전) 앞에 왜소하게 서 있는 것을 보면 후대에 다른 곳에서 옮겨온 것임을 추측할 수 있다. 탑이 너무 낮아서 맨 아랫단을 보충한 흔적도 보인다. 전각들은 여러 층으로 배치되었고 각 층단은 높진 않지만 여러 번 중첩되었으며 마지막 법보전은 높은 축대 위에 세워진 것이 부석사 무량수전의 조형 정신과 비슷하다.

반면, 원효계로 여겨지는 구례 화엄사인 경우 석탑이 5층으로 조성된다. 지금은 석탑이 2개가 있지만 뒤(서쪽)에 있는 석탑(서석등)은 이 절이 선종 사찰로 바뀐 이후의 것으로, 조성 연대가 최소 100년 이상의 차이를 보인다. 원래 각황전의 축을 따라 단 아래 금당이 있고 5층 석탑(동석등)과 축단, 중문, 산문이 일축선 상에 배치되었을 것이다. 당연히 진입로는 개울을 따라 한참 들어와서 설정되었다. 이것이 선종 사찰로 바뀌면서 기존과 직교하는 열십자 축을 써서 석축을 쌓고 축대 위에 대웅전을 배치했으며 균형을 위해 서탑(서석등)을 하나 더 세웠다. ㄱ자로 꺾인 높은 축대도 이 서탑과 같은 시기에 축조되었을 것으로 추정된다.

유가종과 화엄종의 미학을 종합해 보면 다음과 같다.

유가종계 사찰은 연못을 건너서 피안의 언덕에 오르도록 높은 석축을 쌓고 그 위의 부지를 평지로 조성하여 3층 쌍탑을 늠름하게 세웠으며 가람을 가로로 넓게 배치한다. 이에 반해 화엄종계 사찰은 연못을 조성하지 않고 여러 층(보통 10)의 단을 쌓았으며 종축으로 깊숙하게 여러 단의 건물을 놓는다.

제일 끝에 불보전(구례 화엄사 각황전), 법보전(해인사 장경판고), 승보전(부석사 무량수전)은 높은 축대 위에

해인사 전경, 문화재청

화엄사 각황전과 대웅전, 문화재청
(각황전과 대웅전 중심의 두개의 축이 존재한다.)

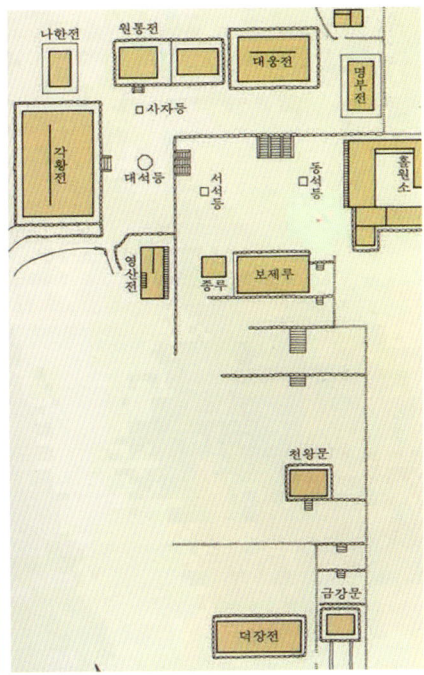

화엄사 배치도

배치하였다. 동양의 건축에서 여러 단은 수직의 층을 의미하므로 이는 10층 건물의 높은 꼭대기에 올리는 것과 같다. 특히 화엄종에서는 체상용(體相用, 본체(本體). 양상(樣相). 활용(活用)을 삼대(三大)라고 하는데 세 가지 큰 것이라는 뜻)의 미학을 중요시해서 정신적 지주 공간을 맨 뒤에, 얼굴이 되는 금당을 복판(가슴)에, 그리고 맨 앞에는 대문채(회랑)를 두는 형식을 택하였다. 단, 금당 앞의 석탑은 생략하였는데 백제 시대 때의 원효계 사찰에서만 5층 석탑을 세웠던 것을 볼 수 있다.

# 12 구산선문의 탑과 가람

구산선문 지도, 네이버 백과사전

삼국시기 불교의 원리를 간략하게 정리해 보자.

사회가 혼란하여 훌륭한 임금인 전륜성왕이 요구될 때는 부처님을 상징하는 탑을 복판에 우뚝 세우고 주변에 3금당을 놓았다. 불법의 상징인 삼장은 율, 경, 논인데, 사람의 가치 기준을 고르게 만든 것이 '율'이고 부처님이 우주 생사 이치를 설명한 것이 '경'이며 이를 정리하여 해설한 것이 '논'이다. 그리고 바로 연이어 불법승 삼보인 탑, 금당, 강당을 일직선 축에 놓는 대승불교의 삼론학 계통의 방식이 삼국시대에 들어와 유행하였다.

삼국시대 말에는 유식(유가종)학이 들어왔는데, 이들은 3층 쌍탑의 조형 방식을 썼고 법을 상징하는 금당을 한가운데 두었다. 백성을 다스릴 때

아무리 정의로운 군주더라도 그 군주를 따르는 것보다 법을 따르는 것이 옳다는 것이다. 비슷한 논리로 이때는 유클리드 기하학이 원리 원칙이라고 생각했기 때문에 가람이나 탑의 계획 역시 정확한 컴퍼스의 비례 원칙에 따랐다.

이처럼 고르게 일직선에 맞추거나 원리 원칙을 따르던 앞 시대 때와는 달리 통일신라 때는 작은 것 안에 큰 것을 들어앉힌다는 등 가치관의 혼돈이 존재하였다. 의상계 화엄종은 부처를 상징하는 탑을 없애 버리는데 반해, 원효계는 5층 단탑으로 장엄한 세계를 그렸다. 그리고 통일신라 초(7~8세기) 화엄종이 유행하는 동시에 세력을 떨친 종파는 밀교(密敎)인데, 밀교는 우리나라 사회의 마이너리티(소수자집단)로서 늘 탄압을 받았고 민중불교로 치부되어 사회 전면에 나서지 못하였다. 그 후에 등장한 것이 사회를 도탄에서 구하고자 했던 구산선문이다.

당나라를 물리치고 통일을 한 신라에는 잠시 동안이기는 하지만 오랜 시간의 전쟁을 잊을 수 있는 평화의 시간이 찾아왔다. 하지만 늘어나는 인구에 비하여 한정된 경작지와 정체된 식량 생산은 항상 문제가 되었고 심해지는 귀족들의 가렴주구와 불교의 기복을 비는 의례는 날이 갈수록 도를 지나쳐 갔다. 이에 대항하여 일

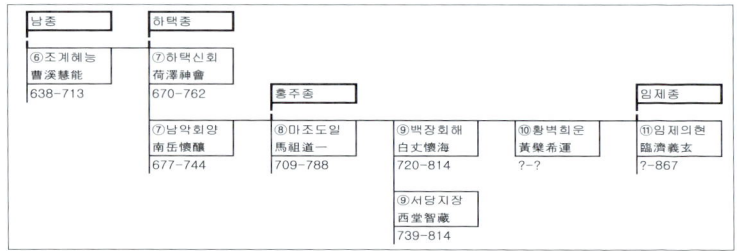
중국 남종선의 형성과정(고익진, 한국고대 불교사상사, 1989)

실상사 전경, 문화재청

어난 세력이 중국 양쯔강 주변에서 조계혜능(曹溪慧能, 선(禪)사상의 6대 시조)에 의해 성립된 남종선(南宗禪)을 유학하고 돌아온 유학승들이었다. 이들은 '화전(火田)'이라는 새로운 농법을 제시하며 자진해서 아직

실상사 석등, 문화재청

실상사 석장승, 문화재청

까지 개척되지 않은 산골짜기 분지로 농민들을 이끌고 들어갔다.

유가종과 화엄종이 왕권 중심의 호국을 기본 이념으로 했다면 선문(禪門)은 백성 보호를 기본 이념으로 했다. 이들을 뒷받침한 세력은 중앙의 왕권에 맞서는 지방의 호족들이었다.

구산선문 가운데 가장 먼저 개산한 이는 신라 흥덕왕(826~836) 때의 홍척(洪陟)으로, 당시 중국에서 가장 유행했던 남종선의 홍주종과 마조도일의 문하인 서당지장에게 가르침을 받고 귀국한 유학승이다. 홍척은 다음에 살펴 볼 가지산문의 초조인 도의보다는 약간 늦게 중국에서 돌아왔지만 흥덕왕 3년 가장 먼저 지리산(남원)에 실상사를 개산하였다. 먼저 귀국했던 도의는 아직 선법을 일으킬 때가 아니라고 판단하여 설악산 진전사에서 은거하고 있었다. 이를 두고 '북산의남악척(北山義南岳陟: 북쪽 금강산에 도의, 남쪽 지리산의 홍척)'이라고도 한다.

실상사는 지리산 자락 너른 분지에 위치

실상사 증각대사 응료탑, 문화재청

백장암 삼층석탑, 문화재청

백장암 석등 화사석, 문화재청

하고 있는데, 가람을 산기슭에 의지하여 놓은 것이 아니라 평평한 들판 위에 배치해서 교종과 같은 집터잡기법을 적용하였다. 이러한 완전한 평지 위의 가람에 가지산문의 보림사와 마찬가지로 1개의 석등과 2개의 3층 석탑을 세워 놓았다. 동쪽에는 눈불뚝이 멋진 돌장승을 세워 놓았다 (시대는 조선 중기쯤에 만든 것으로 추정된다).

한편, 석탑은 유가종계 석탑처럼 아무런 장식을 하지 않았으나 불국사 석가탑보다는 둔중하다. 가지산문인 장흥 보림사 석탑과 제작 시기는 비슷하지만 장식을 배제하고 있으며 옛 것 그대로인 탑 꼭지의 상륜부가 유명하다.

석등은 석탑을 위해서가 아니고 금당에 경배하기 위해서 세웠는데 대단히 화려하다. 사찰을 평지에 배치하는 것은 교종의 방식이고 탑이 2개인 것은 유가종계(법상종)방식인데, 석등을 매우 화려하게 꾸몄다는 점에서 유가종계와는 다르다는 것을 알 수 있다. 이처럼 여러 양식이 혼합되어 보이는 것은 아마 선종이 이 땅에 새롭게 정착하면서 여러 가지 조형 방식을 실험해 본 결과가 아닌가 생각된다.

실상사에서 멀지 않은 곳에 탑이 있는 조그만 백장암이 있다. 백장암은 이름 그대로 백장회해(중국의 백장산에서 도를 닦은 당나라 때의 고승)를 기리는 사역으로, 여기에는 국보 제10호인 석탑과 보물 제40호로 지정된 석등이 있다. 그 조각이 대단히 사실적이어서 우리가 당시의 난간이나 집의 구조를 연구할 때 주로 참고하는 자료이다. 이는 땅과 하늘을 연결하는 이런 실재의 집과 같은 석조물에 윤회의 주체인 영혼이 깃들어 있음을 상징하고 있는 건축이기도 하다.

구산선문 가운데 두 번째로 일어난 이는 가지산문의 조사(祖師)인 보조국사 체징(804~880)이다. 그는 장흥 유치에 위치한 가지산 자락에 보림사를 창건하고 선대

진전사지 도의선사탑, 문화재청

조사인 도의의 사상을 널리 펼쳐서 3대 조사로 가지산문을 개산하였다. 이것은 인도의 보림사, 중국의 보림사를 본뜬 것으로, 3대 '보림'이라고 자부했다.

설악산의 진전사에는 3층석탑 주변에 절터가 있는데, 이 절터 동쪽 뒤의 도의선사 부도 주변에도 조그만 절터가 있다(부도는 스님의 무덤이므로 사당이 자리하는 왼(동)쪽 뒤에 놓이는 게 일반적이다). 선종은 경전을 읽지 않는 대신 교외별전(敎外別傳, 가르침 곧 경전 외에 별다르게 전해 내려오는 것)을 가르치면서 스승에 의한 전승관계를 중요시했으므로 이를 나타내는 부도나 비를 중요하게 여겼다.

절터는 산비탈 높은 계단을 올라가서 조성되었다(오른쪽 사진에서 보듯 계단이 너무 넓게 복원되어 거슬린다). 유가종계에서는 높은 축대를 쌓고 영지나 개울을 건너가게 구성하였지만, 여기서는 영지가 없고 단순히 높은 계단 위로 3층탑의 탑신부만 보이게 하였다. 탑은 가람 중앙에 하나만 세우는 전형적인 화엄종의 가람 배치 방식을 따르고 있다.

3층탑은 2중 기단 위에 5개의 굽받침을 가진 3층의 옥개석을 올리는 전형적인 신라의 유가종계 탑과 같은데, 2층 기단 면석과 1층 탑신부는 8부중상과 부처님을 새긴 화엄종의 장엄 기법을 쓰고 있다. 이처럼 선종 사찰은 초기에는 화엄종과 유사한 형식을 채택하였다.

진전사지 입구

진전사지 3층 석탑, 문화재청

진전사지 3층 석탑 탑신부, 문화재청

반면, 보림사는 산골짜기이지만 평지 가람에 쌍탑을 조성하며 개울을 건너 피안으로 들어가도록 계획한다. 개울을 건너 절집으로 들어가는 방식과 삼층석탑을 쌍탑 형식으로 세운 것은 유가종계를 따르고 있으나, 절을 산간이지만 넓은 평지에 배치한 것은 유가종계 이전의 율종이나 삼론종의 호국 사찰을 본뜬 것이다.

탑은 2중 기단에 3층 옥개석, 5개의 굽받침, 일체의 조각이나 장식이 없는 등 유가종계 석탑과 형식이 아주 유사한데 처마가 약간 얇고 추녀 끝이 날카롭게 추켜세워져 있다. 그 앞에 세운 석등은 2중의 옥개석을 받치고 있으며 상대석, 하대석의 연화문 장식이 대단히 화려하게 새겨져 있다.

보림사 전경, 문화재청

보림사 석등, 문화재청

스승 도의가 교선 양립의 화엄종 형식을 계승한 반면, 보조국사 체징은 선종을 교종에 맞서는 종파로 세우기 위해 새로운 격식을 찾아 내려고 했던 것으로 여겨진다.

장흥의 유치는 한국전쟁 때 빨치산이 오랫동안 칩거했던 곳으로 산으로 둘러싸인 분지이다. 지금은 인근에 댐이 건설되었는데 보림사에 국보나 보물이 없었다면 아마도 여기까지 수몰되었을 것이다. 이 같은 산골짜기에 사찰이 들어가기 시작한 것은 백성들의 배고픔을 해결하기 위해 새로운 농법인 화전으로 산간의 개척지를 개간해 나갔던 까닭이다. 이처럼 백성들과 아픔을 같이 한 것이 조선조에서의 척불시대에도 불교가 살아남은 이유이기도 하다.

굴산사지 당간지주, 문화재청

굴산사지 석불좌상 측면, 문화재청

굴산사지 승탑, 문화재청

구산선문 가운데 가장 번창한 산문은 굴산산문이며 개조는 통효범일 국사이다. 신라 진성왕 3년(887년)에 입적하였으며 할아버지가 명주도독으로 있었던 인연으로 그 지역 도독의 도움으로 강릉 명주에 문성왕 9년(847년) 굴산사를 개산하였다. 경문왕, 헌강왕, 진성왕 등이 국사로 모시고자 했으나 불응했는데 그만큼 지방의 호족 세력과 결탁되었다고도 할 수 있다. 그는 진성여왕이 선종, 교종에 대한 양의(兩儀)에 대해 묻자, "석가모니조차도 설산에서 깨닫긴 했지만 극에 달하질 못해서 수 십 개월을 돌아다닌 끝에 그의 조사인 진귀(眞歸)대사를 만나서 오묘한 뜻을 얻었다"고 말하였다. 이는 깨달음에 있어 석가모니조차도 그의 조사를 통해 터득한다는 그의 확고한 주장이다.

이러한 그가 개산한 굴산사는 해안에서 떨어진 분지 안의 평지에 있다. 지금은 가공을 전혀 하지 않은 커다란 당간지주만 둔덕 위에 덩그러니 자리할 뿐 아무 것도 남아 있지 않다. 하지만 북쪽 산자락에 통효범일의 것으로 추정되는 부도가 있어, 발굴을 해본 결과 절터가 발견되었다.

이 사찰은 고려시대 몽고침략전쟁 때 소실되었는데, 이후에 다시 조성된 주변의 돌덩이 부처님을 볼 때 탑은 원래부터 조성되지 않았던 것으로 보인다. 석가조차 부정하고 있는 그의 사상은 석탑을 과감하게 없앴

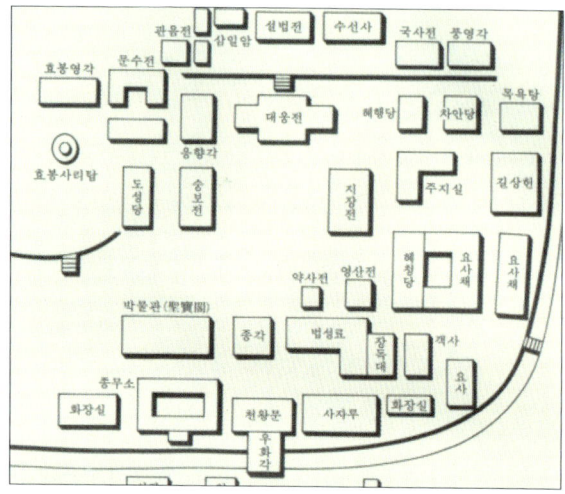

송광사 배치도,
네이버지식백과
(한국학 중앙연구원)

송광사 전경, 문화재청

송광사 우화각과 삼청교

을 뿐 아니라 거대한 당간지주도 전혀 가공하지 않은 채 그대로 세웠다. 그는 국사도 거부했으므로 당대에는 부도를 조성하지 못하고 고려 때 와서야 후손들이 그를 국사로 추대하고 승탑을 세웠다. 선종에서 가장 중요시 여기는 사법 전승을 기록한 비조차 세우지 않았다.

이런 굴산산문이 가장 번성했던 것은 보조국사 지눌의 송광사 때문인데, 여기에도 역시 탑이 세워지지 않았다. 피안으로 건너가는 다리(우화각)를 건너고 대문을 거쳐 중문으로 들어서면 마당 가운데에 대웅전이 있고 뒤쪽에 강당에 해당하는 설법전이 있다. 대지가 비교적 평탄하면서도 몇 개의 단을 두는 것이 화엄종의 배치와 유사하다.

그러나 업경을 두고 피안으로 건너가는 계획은 유가종 계(법상종)의 모습이다.

선종은 일체의 말과 가르침을 부정하는 입장에서 화엄종과 대립한다. 그러면서도 근본 원리는 화엄종과 통한다. 근본 원리는 교리를 통해 정립되는 것이므로 선종은 화엄종을 떠나 존립할 수 없다. 민중은 선종처럼 '추상적이고 현실적인 세계관'만으로는 살 수 없다. 각박한 현실에서 괴로워하는 그들에게는 '구체적인 형상으로 화려하게 장엄된 이상 세계'가 필요하다. 따라서 선종과 화엄종은 극도로 상호 배제적이면서도 불가분

송광사 보조국사 감로탑, 문화재청

송광사 부도전, 문화재청

의 관계를 이룰 수밖에 없는 것이다.

보조국사 지눌 역시 가부좌만 틀고 앉아 있다고 해서 깨달음이 오지 않는다고 주장하면서 화엄종 교리를 공부할 것을 권한다. 선종은 화엄종의 현학적이고 사제(司祭)적인 현상을 부정하는 것이지 화엄종의 교리를 부정하는 것은 아니다. 화엄종이 지금까지도 지속적으로 영향을 주는 이유가 여기에 있지 않을까?

굴산산문는 전체적으로 화엄종의 배치 방식을 따르면서도 모든 장식적인 요소를 배제한다. 의상계 화엄종이 탑을 세우지 않은 것과 마찬가지로 탑을 두지 않지만 모든 전각은 몇 개의 단(보통은 10단)을 조성하여 위계를 만든다. 그러나 그 위계는 화엄종에서처럼 그렇게 엄격하지는 않다. 이것이 선종, 교종 양종으로만 나뉘는 조선 초에 들어 무탑식 마당 중심의 사찰 배치 방식을 탄생시키는 것이다. 구산선문이 굴산산문 중심으로 통일되어 가는 것과 맥을 같이한다.

한편, 동리산문은 곡성 태안사에 개당했으며 도선을 제자로 둠으로써 유명해졌다. 현재 태안사에는 3층 석탑이 하나 있으나 어디서 옮겨온 듯 제자리가 아닌 걸로 보아 원래 탑이 없었던 듯 하다. 도선의 옥룡사에는 시신을 화장하지 않고 매장하였던 듯한 석관이 발굴되었다.

보령의 성주사에는 오층석탑과 삼층석탑이 3개가 있다. 하나는 금당 앞에 있고 3개는 뒤쪽 강당 앞과 양쪽에 있다. 여기에서는 조사의 사리탑을 석가의 탑과 거의 동격으로 올려놓고 있음을 엿볼 수 있다. 가람은 산골짜기이지만 평지에 배치하고 있다.

옥룡사 석관과 석곽, 문화재청

한편, 옥천어산파로 알려진 혜조(慧照, 774~850)는 중국 소림사에서 수학하고 신라 도의를 만나 함께 참학하였으며 남악(지리산)의 승지에 사찰을 창사하여 옥천사라고 했다. 혜조는

성주사지 5층석탑과 3개의 3층석탑

탑과 비석(銘)을 짓지 말라고 하였으나 신라 정강왕이 이 사찰을 진감선사 대공영탑이라 추중하고 사찰 이름도 쌍계사라고 개명하였다.

가람은 화엄종의 예에 따라 경사진 구릉에 배치하고 있으며 가람 뒤쪽에 배치되는게 상례인 탑비(승탑)를 여기서는 대웅전 앞 중앙에 놓고 있다. 금당 앞에는 부처님의 탑만 두는 것이 원칙인데, 여기서는 조사(탑비)를 부처님과 동격의 반열에 올려 세웠다. 도의의 가지산문의 원리에 따라 쌍탑을 세워야 하는데, 여기서는 하나도 세우지 않고 대신 탑비를 놓았다.

이처럼 주로 변두리 지방에 근거하였던 구산선문은 자신들의 철학도 일치시키지 못했을 뿐 아니라 가람 조형도 통일하지 못하고 각양각색으로 나뉘어져 있다. 구산선문 모두는 연원이 중국 조계혜능의 제자였으므로 고려 시대에는 이를 조계종으로 통칭하기도 했다. 그런데 왜 이들은 구산선문으로 나뉘어 다툼을 했을까?

당시의 선종은 교종에 비해 훨씬 혁신적인 생각을 가지고 있었다. 현학적인 경전에 매이지 않고 이를 타파해야 한다고 하였으며 민생 문제를 해결하기 위해 종교적 수행을 버리고 앞장서서 산골로 들어가서 개간을 일구고 몸소 일을 하면서 청정한 계율을 지키려고 했다. 또한 선종은 불립문자 교외별전을 활용하였으므로 소의경전(所依經典)이 없어서 어쩌면 통일된 조형 방식이 없이 서로 자유로울 수 있었다. 때문에 다른 종파와 달리 구산선문으로 구분하지 않으면 안 되었을 것이다.

쌍계사 대웅전과 탑비, 문화재청

13 백제와 고려시기 불교의 변천과 불탑

논산 관촉사 석조 미륵보살입상, 문화재청

금산사 미륵전 삼존불, 문화재청

통일신라 후기 후삼국이 성립한 이후에는 잠시 동안 현재의 고통을 덜어주는 미래의 부처로서 미륵불이 나타나고 이를 뒷받침하는 종파로서 백제 때 유행했던 삼론종이 재등장하였다.

이때 미륵불의 대표적 소조상은 논산의 관촉사 미륵보살입상(은진미륵) 과 후대에 중창되긴 했지만 진표의 금산사 미륵전 흙불상 등이 있다.

익산 왕궁리 5층석탑, 문화재청   부여 장하리 3층석탑

익산 왕궁리 오층석탑은 백제계의 석공이 빚은 듯이 보이며 신라의 유가종 삼층석탑의 비례치(분수)와는 전혀 다른 백제계 비례의 미감을 보인다. 옥개석이 판석으로 떨어지고 받침돌은 별개의 돌로 만들어졌는데, 이런 수법은 목구조식인 듯 보이기도 하며 신라 시대 때의 모전석탑에서도 볼 수 있다.

부여 장하리 삼층석탑은 백제계 석공이 다듬은 것으로서 당시 유행했던 선종의 삼층석탑을 받아들였지만 비례치(분수)는 유가종계의 삼층석탑과는 달리 백제식이라고 알려져 있다.

공주 계룡산에 있는 남매탑은 앞쪽이 7층이고 뒤쪽은 5층(현 4층)이다. 앞의 칠층석탑은 구법이 정림사지 오층석탑과 유사한 것으로 보여 백제

공주 청량사지 7층, 5층석탑(남매탑), 문화재청

계 석탑으로 알려져 있다. 하지만 이것은 놓인 위치나 2개의 탑이 붙어서 배치된 점 등을 보면 가람 안에 있는 석탑이라기보다는 사찰을 축조할 때의 사리탑으로 보는 것이 맞다(이러한 사리탑도 초기에는 불탑과 거의 같은 양식으로 출발하였다).

이런 사정으로 인해 백제 땅에 있던 부여의 정림사지 오층석탑도 혹시 고려 초의 작품이 아닐까 의심하는 전문가도 있다. 석탑에 백제를 멸망시켰던 소정방의

정림사지 5층석탑, 문화재청

정읍 은선리 3층석탑(빛깔 있는 책들-석탑, 정영호 외, 1993)

예천 개심사지 5층석탑, 문화재청

평제(平濟)라는 기록이 남아 있어서 건축연대가 확실한 것으로 알려지기는 했지만, 최근 발굴 결과에 의하면 석탑이 건립되기 이전에 이미 목탑이 있었던 것으로 추정하고 있어서 그 기록조차도 후대에 조작된 것이 아닐까 의심되기도 한다.

이와 유사하게 축조된 정읍 은선리 삼층석탑은 탑신이 길고 옥개석이 판석 형태로 전돌처럼 올려져 있다. 이 구법은 모전석탑처럼 보이지만 비례미가 독특해서 마치 백제계 석탑처럼 보인다. 하지만 백제계의 삼론종이라기보다는 라말여초에 유행했던 밀교계 사찰이 아니었을까 추정한다.

예천 개심사지 오층석탑은 경주에서 온 석공이 다듬은 것으로, 신라 시대 유가종계 삼층석탑의 조형을 충실하게 따르기는 하지만 세부적으로 약간의 변화를 보인다. 기단부와 1층 탑신부에 새겨진 불보살의 입상을 보면 이 석탑은 원효계 화엄종파인 것을 알 수 있다. 이렇듯 남악(지리산)파 화엄종이지만 사찰의 경제적 연유에 따라 신라 쪽 석공을 쓰면 유가 종계의 삼층석탑 조형을 따르게 되고 백제 쪽 석공을 쓰면 백제 쪽의 조형 비례미가 보인다.

참고로 고려 불교를 간단히 살펴 보자면, 고려 4대 광종은(949~975 재위) 경주계(모친)로서 정종으로부터 왕위를 선양받은 뒤 의상계(북악파-태백산 부석사) 화엄종의 균여로 하여금 후백제를 밀었던 원효계 남악파를 정치적으로 통합하게 했다. 이것이 의상계에 의한

순천 선암사 전경(대웅전 동서측으로 나뉜 교종과 선종계 공간이 공존한다.)

원효 폄하운동이다. 이에 반해 고려 11대 문종의 넷째 아들 대각국사 의천(1055~1101)은 속장경에서 의상을 빼고 원효만을 높이 칭송하고 있다. 그는 화엄종을 혁신하여 선교(禪敎)를 아우르는 천태종을 개립하였고 그 위세는 다른 모든 선문이 문을 닫을 지경이었다. 이렇게 일세를 풍미한 천태종이지만 현재는 순천 선암사만이 천태종 사찰로 남아있을 뿐이다. 이곳에 세워진 삼층석탑은 쌍탑으로, 유가종계 사찰의 것과 너무 비슷하다.

의천이 개성에 돌아가기 전에 머물렀다는 해인사에는 지금 삼층석탑 한 기가 대웅전 앞에 어울리지 않게 외롭게 서 있는데, 이것이 어느 시기에

선암사 쌍탑, 공유마당(안장헌)

조성되었는지는 명확히 알 수 없다. 해인사는 의상계 신림의 제자 순응과 이정이 애장왕 3년(802)에 왕태후의 명복을 빌기 위해 건립하였다. 이곳에서 의천은 귀족불교로 변질되었던 화엄종을 혁신하려고 했던 것이다.

왕권강화를 목표로 하는 천태종에 맞서 굴산산문의 지눌(1158~1210)은 영천의 거조사에서 정혜결사(불교의 수행에 있어서 핵심이 되는 선정과 지혜를 함께 수행)를 시작하여 전라도 순천 송광사에서 꽃을 피웠다. 그의 제자이기도 했던 요세(1163~1245)는 그 옆 고을 강진 백련사에서 백련결사(민중불교-천태종)를 병립시켰다.

은해사 거조암 3층석탑, 문화재청

강진 백련사 사적비, 문화재청

14 여말선초의 라마식 다층 석탑과 백장청규식 종(鐘)모양 부도

공주 마곡사 5층석탑 상륜부, 문화재청

여말 선초 불교철학사를 보면, 화엄종의 신앙형태는 13세기 중반 이후 차츰 신비적인 영험과 공덕만을 강조하는 중국의 밀교 계통으로 변모하였으며 원나라와 소통하면서 신비적 성격이 강한 라마불교의 영향이 많아졌다. '왕실의 원찰'이라고 하여 장대하고 화려한 사찰이 우후죽순 생겼고 도승의 세속화는 더욱 심해져서 불교의 정신적 지도력까지 흐려지게 되었다.

당시의 사회적 모순과 불교계의 문제점을 개혁하려는 의지는 여러 갈래로 나누어져 표현되었는데, 그 가운데 하나가 성리학의 도학정치와 비슷한 백장청규(중국 선종(禪宗)의 의식과 규율을 정한 책)식 방식이다. 그렇다면 이 같은 철학은 불탑에 어떻게 표현되고 변천되었을까?

공주 마곡사 오층석탑은 탑 꼭대기 상륜부

공주 마곡사 5층석탑, 문화재청

에 라마교의 청동 복발(탑의 노반(露盤) 위에 바리때를 엎어 놓은 것처럼 된 부분)을 그대로 덮고 있다. 우리나라의 전형적인 오층탑의 상륜부에 원나라에서 가져온 복발을 그대로 올려놓아 억지로 세운 느낌이 나기도 한다(이 복발은 우리나라 탑의 상륜부보다 더 커서 비례가 맞지 않는다). 이로 미루어 볼 때, 고려 말 조선 초에 만들어진 다층 석탑은 원나라의 라마불교식 밀교적 영향을 받았음을 추측해 볼 수 있다.

월정사 구층석탑의 처마 곡은 유가종계 삼층석탑과 비슷하지만, 평면이 8각이고 다층이라는 점에서 전혀 다르다. 상업주의가 만연했을 때의 석탑이라 탑이 대단히 화려하고 아름답다. 또한 탑 앞에는 기도하는 불보

월정사 팔각 9층석탑, 문화재청

월정사 석조보살 좌상, 문화재청

살이 있는데, 이 모습은 원나라 불상에서도 찾아볼 수 있는 유형이다.
이런 종류의 석탑은 현재 중앙박물관에 옮겨져 있는 경천사지 십층석탑, 탑골공원의 원각사지 십층석탑 등으로 전국에 제법 남아 있다.
양평의 수종사 오층석탑은 원각사지 십층석탑을 모각한 것인데, 해체 복원하면서 탑 안에 모셔졌던 불구가 나와 더욱 유명해졌다.
여주 신륵사의 석탑도 대리석으로 조성되어 독특한 형태를 취하고 있다. 형식이 조금 다르긴 하지만 모두 장식적이고 화려한 멋을 자랑한다.
이곳은 조선조 최대의 선문인 양주 회암사의 회주스님(법회를 주관하는 법사)이었던 나옹혜근(고려 공민왕 때의 고승)이 열반하여 그의 단묘가

개성 경천사지 10층석탑, 문화재청

원각사지 10층석탑, 문화재청

조성되어있는 곳이다. 이러한 그의 조사(祖師)탑은 앞서 말한 것과 전혀 다른 미를 보인다. 백장청규식 미학으로 도학파와 비슷하게 모든 장식을 배제하는 단순한 형태를 지향하고 있는 것이다. 그러나 조사탑 앞에 놓인 석등은 아라비아 풍의 뾰쪽한 아치같이 매우 장식적인 모습을 가지고 있다. 이는 그의 제자들이 나옹혜근의 철학을 모독한 것이 아니라 화려한 것을 추구했던 당시의 미학을 벗어나기는 어려웠다는 것으로 볼 수 있다.

양평 수종사 팔각 5층석탑, 문화재청

여주 신륵사 석등, 문화재청

여주 신륵사 석종(승탑), 문화재청

15 망탑(望塔) - 가람 밖에 서 있는 탑

충주 탑평리 7층석탑(중앙탑), 문화재청
(높은 둔덕은 인공으로 만든 흔적이 역력하다.)

충주에 가면 가장 유명한 것 중에 하나가 중앙탑(중원 탑평리 칠층석탑)이다. 그 높이와 당당함, 그리고 시원한 남한강가의 높은 둔덕 위에 서 있는 모습은 우리를 압도한다. 그런데 이 우람한 탑을 왜 하필이면 이런 적막강산에 세운 것일까?

중원 탑평리 유적은 1993년이 되어서야 발굴이 진행되었다. 어디서 흘러 왔는지 몇 점의 기와는 수습되었지만 건물터는 단 하나도 발견되지 않았다. 즉 이 탑은 절집과는 전혀 상관이 없는 조형물이었다는 것이다.

마찬가지로 여주 신륵사에도 가람 경내 마당 가운데의 아름다운 고려 석탑과 별개로 한 전탑이 남한강가 바위 위에 외롭게 떨어져 서 있다. 중간에 한번은 해체 보수한 흔적이 보이기는 하지만 이 특이한 자리를 변함없이 지키고 있다.

그런데 그 자리에 서 보면 탑이 이곳에 서 있어야 하는 이유를 바로 알 수 있다. 이 자리는 남한강의 급한 물줄기가 꺾어지는 자리, 위아래의 물 흐름을 살펴 볼 수 있는 곳이다. 이 탑은 물의 흐름을 살피는 곳이자 남한강을 따라 이동하는 배들의 등대로서 바라기 탑, 즉 망탑(望塔)인 것이다.

이를 알고 나면 낙동강 가에 엉뚱하게 서 있는 안동 법흥동 칠층전탑도 이해가 간다. 물가에 지은 높은 전탑(신륵사 다층 전탑)과 그에 걸맞는 가람은 대단히 큰 사찰을 떠올리게도 하지만, 사실 이 탑은 전혀 다른 기능을 가진 탑이었던 것이다.

다시 말해서 이는 절집과 별도로 지어진 바라기 탑으로, 법흥사라는 사찰 이름이 전해지기는 하지만 이 절터 또한 탑과는 어느 정도 떨어져 있다.

여주 신륵사 다층전탑,
문화재청

의성 탑리의 오층석탑도 넓은 평지에 혼자 우뚝 서 있다. 주변보다 조금 높은 둔덕에 자리하고 있어서 주변 절터가 깎여진 것이 아닐까 의심할 수는 있지만 그 보다는 이것이 평지 망탑의 역할을 한 것으로 보인다. 탑의 기둥은 강한 흘림을 가지고 있고 지붕은 전탑의 형식을 모방하였다.

이와는 다르게 산등성이 바위 위에 앉혀진 석탑도 있

안동 법흥사지 7층전탑, 문화재청   의성 탑리리 5층석탑, 문화재청

다. 대표적으로 경주 남산 용장사곡 삼층석탑은 산골짜기가 잘 내려다 보이는 곳에 우뚝 서 있다. 보통은 기단이 2단이지만 여기서는 단층으로 생략했고 통산 5단인 옥개석 받침도 4단으로 줄였다. 말하자면 아래쪽에서 볼 때 적절한 비례치를 가질 수 있게 시각효과를 고려한 바라기 탑인 것이다.

제주에는 절터의 석탑이 아닌, 탑이라 불리는 조형물이 있다. '방사탑(防

邪塔)'이라고 부르는 이 탑은 육지에서 말하는 성황당 탑과 유사하며 그 모양이 특이하기 때문에 현대의 조형물에서도 많이 응용하고 있다. 그 이전에도 이와 비슷한 계단식 석탑들이 많이 조성되었다.

우리나라의 국토계획이라고 해도 과언이 아닌 풍수지리설은 동리산문 혜철의 제자 도선에 의해서 완성되었다. 도선은 풍수지리 음양오행설을 연구하여 대보살의 구세도인의 법으로 활용하였다. 이 외에도 많은 스님들이 백성들을 풍수해로부터 구제하기 위해 힘썼는데 이를 위하여 축조한 것이 바로 바라기 탑, 즉 망탑인 것이다.

경주 남산 용장사곡 3층석탑, 문화재청

제주 골왓마을 방사탑, 문화재청

남한산성 5암문

우리 옛 건축의 간잡이 방법론과 집터 잡기 등
양택론의 기본 원리를 살펴보고
그 연결과 음악적 율동을 알아본다.
다소 어려운 정택, 동택, 변택, 화택의 의미도
자세하게 들여다 보자.

TWO 아름다움산책로 2
Promenade

규모에 따라 공간이 바뀌다.

# 1 양택론의 기본 이론과 동서사택(東西四宅)

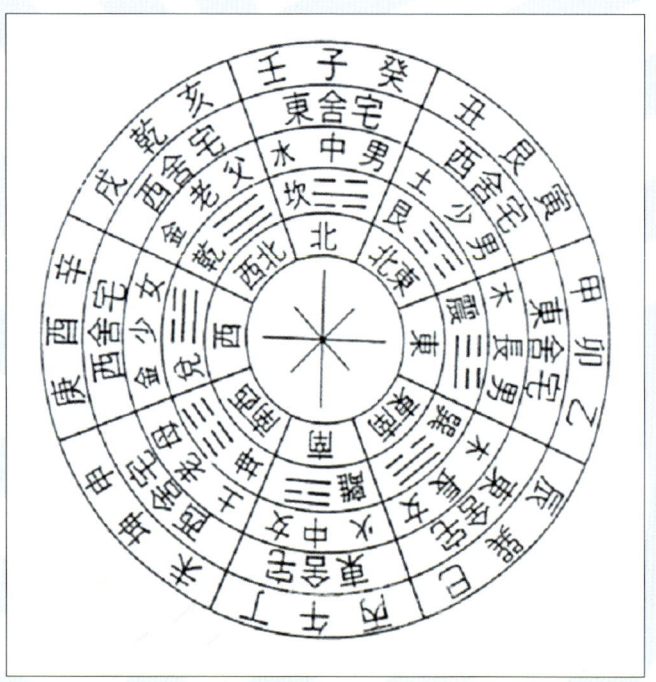

양택론의 8괘와 8방위도

우리나라 옛 건축의 계획론을 다룬 책은 크게 상택서(相宅書)와 양택서(陽宅書)로 구분된다. 상택서는 주로 집터 보는 방법을 다루고 양택서는 주택의 간잡이 방식을 방위에 맞추어 언급하고 있다.

우리나라의 양택서로 대표적인 것은 택보요전(宅譜要典)과 민택삼요(民宅三要)이다. 기타 많은 저술들은 대부분 중국 책이다. 그러나 민택삼요도 당시 우리 민중에게 가장 유행했던 중국의 양택삼요라는 책을 한국식으로 번역하여 엮어 놓은 것이다. 양택요결(陽宅要訣)이란 책 역시 민택삼요 5권의 내용 중에서 한글로 된 내용은 빼버리고 한문의 내용만 간략하게 한 권으로 줄여 놓은 책이다. 이들 2가지 책의 내용을 주역의 이론에 맞추어 간추려서 이야기하기로 하자.

원래 땅의 방위도 하늘의 계절에 맞추어 24방위로 나뉜다. 그러나 24방위를 양택론에서 자세히 살펴보는 것은 복잡하고 계산도 어려울 뿐 아니라 의미도 없다. 그래서 양택론에서는 24방위를 적용하지 않고 주역 괘에 맞추어 8방위로 간결하게 본다. 하늘의 운행은 24방위이지만 땅에서는 네모의 배수인 8방위로 본다는 것이다.

이 때 땅의 축인 건(乾)괘와 곤(坤)괘가 북서쪽과 남서쪽 귀에 놓이는데, 이것은 후천수(後天數)의 배치로써 지구의 축이 비뚤어져 있음을 뜻하는 것이며 이로써 지구의 운행에 변화가 생긴다고 말한다.

조금 더 설명하자면, 선천수(先天數)는 지구의 축이 당연히 똑바로 서 있는 것으로 알고 설정한 것으로, 중국

춘추전국시대까지만 해도 '하늘의 길은 언제나 똑같다'라고 생각했다. 달이 차고 기울면 한달이 가고 그게12번 반복되면 1년이 지난다는 이론이 합리적이라고 생각했던 것이다. 그런데 어느 제삿날의 기록을 보니, "몇 십 년 전의 제사는 겨울에 지내느라 음식이 얼어 터져서 문제였다는데, 이제는 여름으로 바뀌어 음식이 쉬는 지경에까지 이르렀다"라고 언급되어 있다. 그래서 '하늘의 도리(天道)는 항상 일정하지 않다(不常)'는 것을 깨닫게 되었다. 곧 세상 만물이 변화하는 것은 바로 이런 이치에서부터 출발한다.

중국의 진시황이 처음으로 이것을 고쳤는데, 무조건 해가 가장 짧은 동짓날을 기준으로 정월 초하루를 삼았다. 그리고 나서야 1년이 365일이

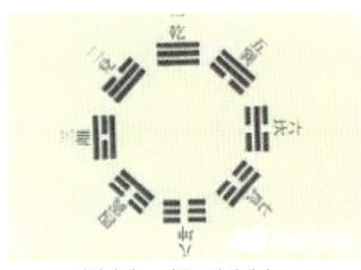

선천팔괘도, 민족문화대백과

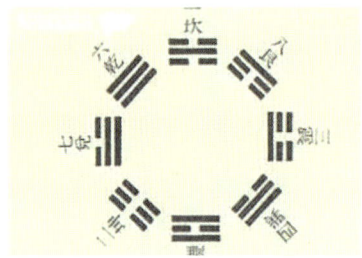

후천팔괘도, 민족문화대백과

오행	계절	방위	팔괘	방위	팔괘	간잡이
목木 화火 토土 금金 수水	봄 여름 환절기 가을 겨울	동 남 북동 서 북	진震 리離 간艮 태兌 감坎	동남 남서 서북 	손巽 곤坤 건乾 	동사택(양) 동사택(양) 서사택(음) 서사택(음) 동사택(양)

<표1>양택과 음양오행

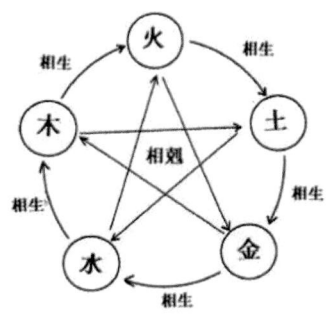

오행 상생, 상극도

넘는다는 사실도 알게 되었다(평균 365.2422일이고 현재의 달력은 365.2425일로 계산한다). 그리고 '하늘의 도리는 항상 일정하지 않다'는 사실을 깨닫고 영생의 길을 찾으려고 애썼다.

그러므로 이후의 점괘는 모두 변화한다는 후천수를 기준으로 하였고 양택론에서도 이를 적용하였다. 참고로 우리나라 태극기에 실린 4개의 괘는 바로 선천수의 남북인 건, 곤괘와 후천수의 남북인 감, 이괘를 올린 것이다. 다시 말해서 우리나라 태극기는 천지 운행의 기준을 나라의 틀로 삼겠다는 의미를 내포하고 있다.

이 팔괘를 음양오행에 맞추는데, 겨울은 추우므로 물(水)이고 여름은 더우므로 불(火)이다. 이것을 북위 38도 기준으로 보면 이 기간은 길지 않다. 따라서 각각 한 달 반씩 3방위, 곧 괘 하나씩을 배당시킨다. 북은 감괘, 즉 중남(정북)에 해당하고 남은 이괘, 즉 중녀(정남)에 해당한다. 봄은 가꾸느라 길기 때문에 동쪽과 동남쪽이 되는 진괘, 손괘(나무 木)를, 가을 역시 거두느라 길기 때문에 서쪽과 서북쪽이 되는 태괘, 건괘(쇠 金)를 배당했다. 그리고 간괘와 곤괘는 겨울에서 봄으로 넘어가는 환절기와 여름에서 가을로 넘어가는 환절기로, 곧 흙(土)에 배당했다.

이것을 다시 간결하게 오행에 따라 상생하는 두 가지로 나눈다면, 하나는 동쪽으로, 나무木에 해당하는 진괘, 손괘의 방위와 남쪽, 북쪽으로, 불火인 이괘, 물水인 감괘 방위가 여기에 해당한다. 다른 하나는 서쪽으로, 쇠金에 해당하는 건괘, 태괘의 방위와 흙土에 배당되는 간괘와 곤괘의 방위가 된다(전자를 양, 후자를 음이라 한다).

양택론에서 동사택이라고 하면 남, 북 그리고 동, 동남 방향을 말하며 서사택이라고 하면 서, 남서, 서북을 포함하여 천체 운행의 (비뚤어진) 축인 북동방향이 여기에 해당한다. 동서가 단순히 양분되는 것이 아니고 비뚤어진 축인 북동방향, 간괘에서 변화가 생기는 것이다.

그렇다면 동사택과 서사택은 간잡이에 있어 무엇을 하라는 말인가? 간단히 말하면 동사택, 서사택이라 함은 각각 간잡이의 기능에 맞춰 가까운 것끼리 모아 두라

살림집 간잡이 개념도
(실제와는 다름),
bing/luckyfi.com

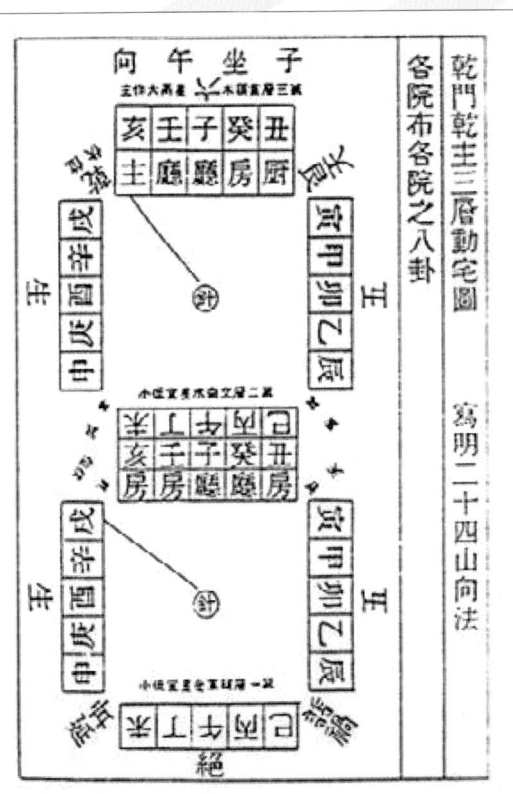

민택삼요에서 남향집의
간잡이 방식

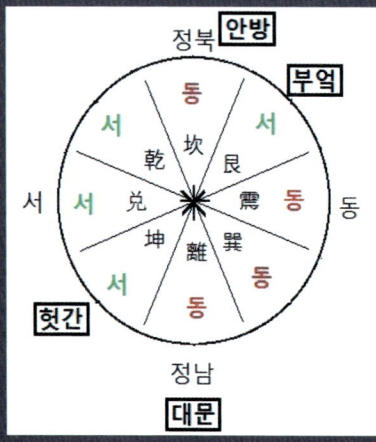
살림집 간잡이 개념도., 동사택

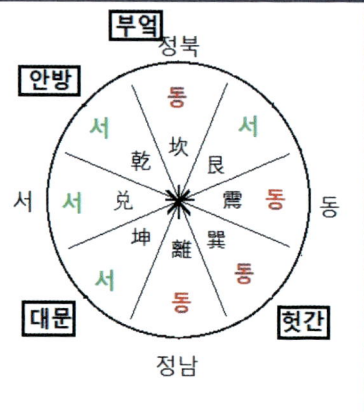
살림집 간잡이 개념도, 서사택

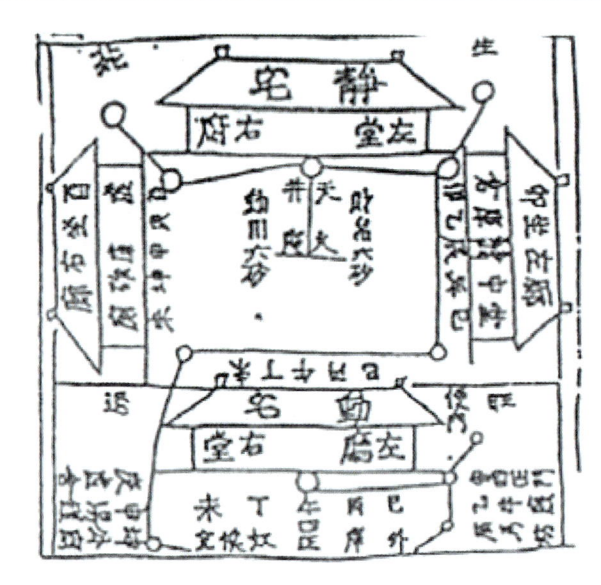
택보요전의 살림집 간잡이 방법

는 뜻이다. 예를 들어, 어떤 집이 동사택이라고 하면, 동쪽에 집의 주된 간잡이를 하고 서쪽에는 집의 부대시설을 배치한 것을 말하며 반대로 서사택이라고 하면 서쪽에 집의 주된 간잡이를 하고 동쪽에 부대시설을 간잡이하라는 의미이다.

집의 주요 기능이라고 하면, 대문간, 대청과 머리방(며느리 방이며 건넌방이라고도 함) 등이고 부대공간이라고 하면 부엌과 헛간 등이다. 현대의 관점에서 보았을 때 재미있는 한 가지 사실은 사람이 기거하는 공간은 대부분 주요공간이지만 노비들이 거주하는 공간은 부대시설로 본 것에 비해, 농사에 필요한 공간으로서 곳간이라든가 아랫방과 외양간 등은 모두 주요공간으로 보고 있다는 점이다.

옆의 그림은 택보요전이라는 책에 그려진 집의 배치도이다. 정택(靜宅)은 안채만 있어서 안마당만 있는 집을, 동택(動宅)은 사랑 마당까지 있는 집을 말한다. 정택에서 좌당우주(左堂右廚)란 왼쪽에 머리방(건넌방)을 두고 오른쪽에 부엌을 간잡이하라는 뜻이고 동택에서는 좌청우당(左廳右堂)이라고 표현하는데, 왼쪽을 대청이라고 보는 것이다. 집의 네 모퉁이에 생왕사퇴(生旺死退)라고 쓰여 있는 것은 방위를 이야기하는 것으로, 생왕방(길한 방위)에는 생산시설을, 사퇴방(쇠한 방위)에는 부대시설을 배치해야 한다는 의미이다.

2 한양 도시계획에서의 동서사택론 (東西四宅論)

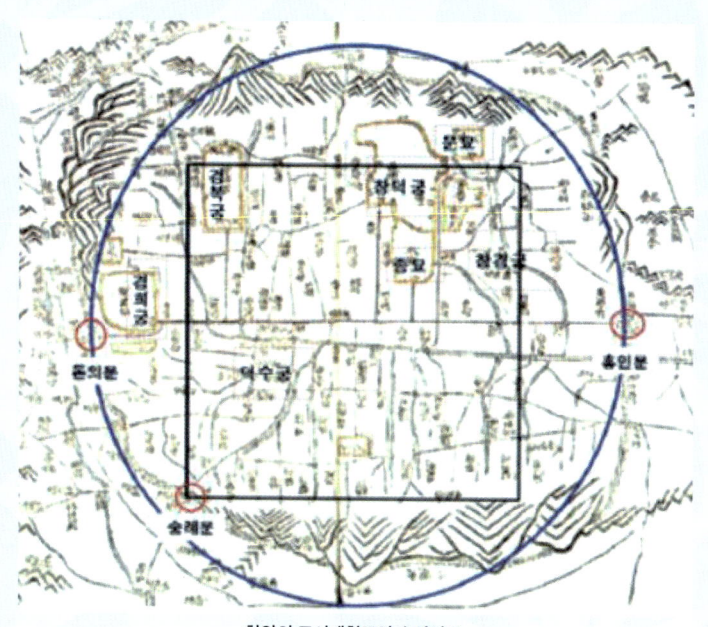

한양의 도시계획도인 수선전도

동서사택의 이론은 주택뿐만 아니라 궁궐이나 관공서, 심지어 도시계획 이론에까지 적용된다. 조선조의 수도인 한양의 배치 계획을 살펴보자. 우리나라의 읍성 계획은 대체로 예제(禮制)에 따라 네모꼴 성곽 안에

'우'자형 가로를 배치하였다. 'ㅇ'자리에 관공서를 두고 'ㄱ'자 길을 낸 다음 좌우 끝에 동, 서대문과 남쪽에 남대문을 두는 방식이다. 서울 역시 이와 별반 다르지 않지만, 주요 관공서 건물이 정궁인 경복궁과 이궁(임금이 궁중 밖으로 나들이할 때 머무는 곳)인 창덕궁으로 2개가 되는 것과 기타 주요 관청들이 매우 많다는 점에서 다른 도시와는 다르다.

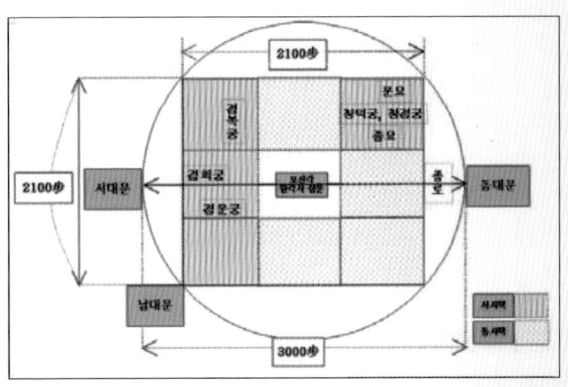

한양 도성 배치도

서울의 도시계획은 동대문인 홍인지문과 서대문인 돈의문의 거리를 3,000보로 분수하여 중심을 잡는다(우리나라에서 가장 크다는 화성이 지름 2,000보이고 일반 관찰사가 있는 목(牧)은 500보, 군은 300보, 현은 250보, 진은 100보 정도이다. 현장 상황에 따라 약간의 편차가 있기도 하다). 그 안에 내접하는 네모꼴 형상이 거주지인데, 서울은 대략 한 변의 길이가 2,100보인 네모꼴이 된다. 이것을 홍범구주(정전법)에 따라 정사각형 9개로 나누면 한 변이 700보인 복판 1개와 팔방의 8개 네모꼴 구획이 나온다.

조선 초기에는 원의 중심에 원각사 삼문을 두었는데 후기에는 조금 어긋나지만 시각을 알리는 보신각을 중심으로 삼았다.

이에 따라 서울의 전체적인 도시계획을 살펴보자.

도성 안을 하나로 보아 그 중심인 보신각이나 원각사 삼문에 나침반을 놓고 보면 정궁인 경복궁이 건괘(서북방)에 놓인다. 이것은 서사택에 속하므로 남대문(숭례문)을 남쪽으로 내지 못하고 곤괘인 남서방에 둔다. 물론 남산에 가로 막혀 있어서 남쪽으로 내기가 어려운 점도 있었지만, 전체적으로 서사택이므로 숭례문이 남쪽에 있지 못하고 거의 서쪽에 자리잡고 있다.

또 하나의 이궁인 창덕궁과 창경궁 역시 서사택의 원리에 따라 간괘(북동쪽)에 배치했다. 간괘(북동쪽)에는 원래 1년의 시작이자 우주 운행의 시작점이므로 이곳에 사당을 앉히는 것이 원칙이다. 따라서 이곳에 종묘가 배치되었고 그 뒤로 성균관이 자리를 잡았다. 북쪽은 동사택 자리이므로 민가(북촌)가 들어서게 계획하였고 광해군 이후에 건축된 경희궁과 경운궁(덕수궁)은 한양의 태괘인 서쪽에 자리하였다.

경복궁 전경(서울 전체에서는 서사택 자리이나 근정전 중심으로 보면 동사택으로 배치했다), 문화재청

재미있는 사실은 임진왜란 때 침략군인 왜군 1진이 먼저 동쪽 흥인지문을 타고 넘어 들어온다. 이 점이 기존 도시계획의 방법에 영향을 주었는지 이후에 지은 경희궁, 경운궁(덕수궁)을 동사택으로 배치하려고 한 것을 볼 수 있다.

각 궁의 배치를 보면 참 재미있는 이야기가 많다.

경복궁의 경우, '군자는 남면하여 정치한다'는 유교의 교리에 따라 남향으로 지었다(정남향은 아니다). 근정전 지시랑청(낙수물 자리) 중앙에

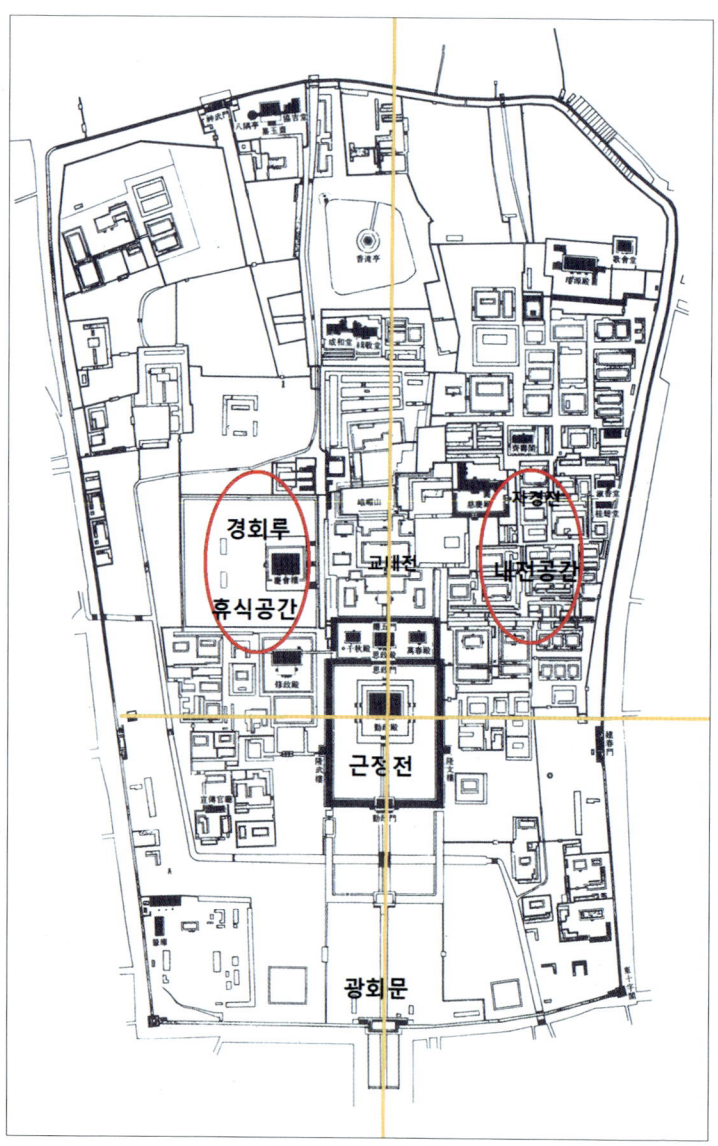

경복궁배치, 북궐도 편집

동궐도 중 창덕궁, 문화재청

창덕궁 전경, 문화재청

나침반을 놓고 보면 침전인 교태전, 정문인 근정문이 남북 축선 상에 있으므로 모두 동사택이다. 그리고 이 위치에서 볼 때 숭례문은 동사택 자리에 놓여 있는 것이다. 동쪽은 주된 공간인 내전으로 동궁과 대비, 후궁 등의 처소를 배치하였고 서쪽에는 경회루가 있는 휴식공간을 배치한 전형적인 동사택이다.

창덕궁의 인정전 앞에서 나침반을 두고 보면, 인정전은 남향이지만 침전인 대조전은 간괘(북동쪽)인 서사택에 놓여있다. 따라서 정문인 돈화문도 곤괘(남서쪽)에 비뚤게 놓아 두었다. 남대문은 여기서 보면 서사택의 곤괘(남서쪽)로 놓이게 된다.

창경궁은 5대궁 가운데 유일하게 동향하여 배치되었다. 정전인 명정전 앞에 나침반을 놓고 보면, 주요 기능을 가진 건물들은 동사택으로 놓여있는데 비해 침전은 건괘(북서쪽)에 있어서 명정전과는 다른 서사택을 택하고 있다.

경희궁과 경운궁(덕수궁) 역시 정전은 남향으로 되어 있지만 정문인 홍화문과 대한문은 모두 동향을 하고 있어서 임진왜란 이후 궁들을 동사택으로 배치하려 했던 의도를 엿볼 수 있다.

마찬가지로 경희궁의 경우 한양의 수선전도에서 볼 수 있듯이 동대문인 홍인지문을 정문으로 삼아 종로길을

창경궁 전경, 문화재청

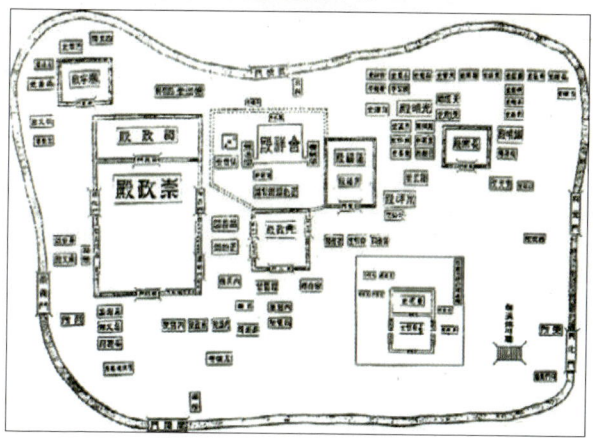

경희궁 배치도(동사택)

경희궁의 흥화문과 일직선상에 놓이게 하였다.

덕수궁의 대한문 역시 정면의 길은 을지로로 뻗어가게 하였다. 앞에서 언급했듯이 이는 임진왜란 이후 초기에 계획했던 남대문(숭례문)의 상징성을 버리고 동대문(흥인지문)을 한양의 정문으로 삼아 도시계획의 기점으로 삼으려고 했던 의도가 엿보이는 것이다.

이와 같이 동, 서사택의 이론은 민택 뿐 아니라 도시계획, 심지어는 국토계획에까지 넓게 적용되었다는 사실을 알 수 있다. 우리나라를 8도로 구획한 것도 물론 이 이론에 따른 것이다.

덕수궁 배치도

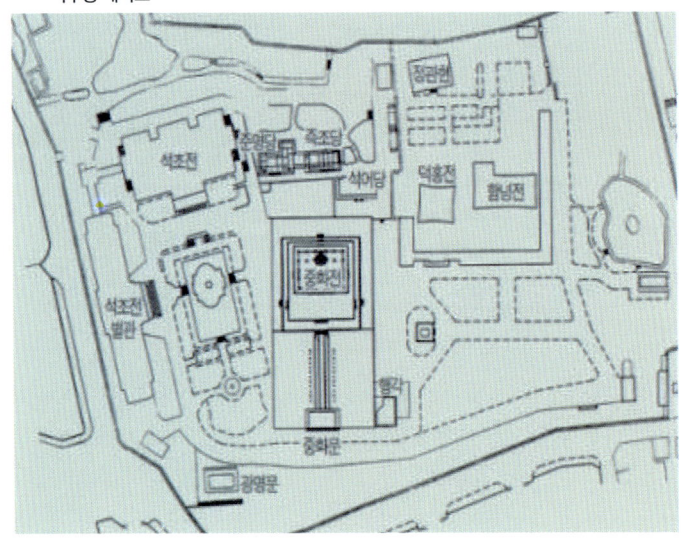

덕수궁 전경

3 우주의 중심인 집의 복판은 마루일까? 마당일까?

풍수용 나침반
(이는 땅의 방위이기도 하지만 하늘의 운행을 가르키기도 한다.)

24절기는 황도상의 태양 위치에 따라 1년의 시간적 길이를 24등분한 것으로써 동지로부터 15.218425일씩 더해 간다. 따라서 24절기의 시간적 길이는 모두 같다. 반면 28수는 적도대를 28구역으로 나눈 것으로써 달의 지구에 대한 공전 주기인 항성월이 27.32일이라는 데서 유래한 것으로 보인다.

집을 사람과 마찬가지로 소우주로 여긴다는 것은 잘 알려진 사실이다. 사람이 지기(地氣)를 받는 혈 자리에 서서 하늘을 살피면 천지가 자신을 중심으로 돌아간다는 것을 확인할 수 있다. 이에 따라 천지운행의 중심이 되는 집의 중심(이를 천지(天池)라 한다)을 어디로 볼 것인가가 핵심이다.

이 중심에 나침반을 놓고 나침을 항성인 북극성에 맞추면, 동서남북의 방위에 따라 천지운행이 됨을 알 수 있고 이것에 맞추어서 집의 간잡이를 하는 것은 당연한 이치이다.

예전에는 집이 한 채 밖에 없었으므로 당연히 집의 복판인 마루의 가운데 혹은 대들보의 중앙에 나침반을 놓고 천지 운행을 살폈는데, 이 방법은 아직도 일본이나 마당이 없는 홍콩 같은 데서 많이 쓰이는 방법이다. 예전 한옥의 표준은 4칸 집이었고 사대부들은 대청을 가진 6칸 집이었으므로 대들보의 중심 혹은 대청의 복판이 집의 중심이 되었음직하다. 실제 그렇게 보는 사람들도 있다.

반면, 우리나라의 한옥은 담장으로 둘러싼 공간이 집 안이 되므로 햇볕이 드는 마당이 더 중요한 공간이라고 보는 입장도 있다. 이들은 집 앞 기둥 혹은 지붕 앞 처마의 빗물이 떨어지는 지시랑청의 중앙이 집의 중심이라고 주장한다. 이는 택보요전에서 주장하는 방법으로 집이 마당을 중심으로 튼 ㅁ자로 앉더라도 여전히 안채가 주된 건물이고 곁채나 아래채는 종속적인 공간으로 보는 것이다. 제주도에서는 상기기둥이라고 해서 부엌과 대청 사이의 주요 기둥(고주) 자리에 나침반을 놓고 집의 좌향을 본다. 초석 위에 열십자를 그으면 집의 좌향이 명확해 지기 때문이다.

그런데 택보요전의 주장은 안채와 사랑채가 있을 경우 나침반을 옮겨서

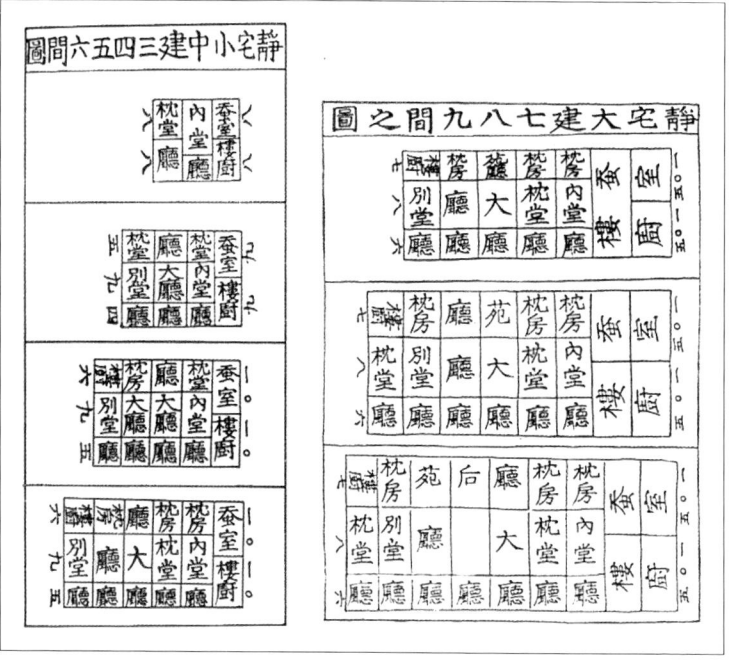

택보요전의 안채 간잡이 방법(4칸 집이 표준이며 3칸 집은 축소된 집이다.), 중소규모(좌), 대규모(우)

화성 정용래(박희석)가옥 사랑채 전면과 평면도, 문화재대관 중요민속자료편, 문화재관리국, 1985

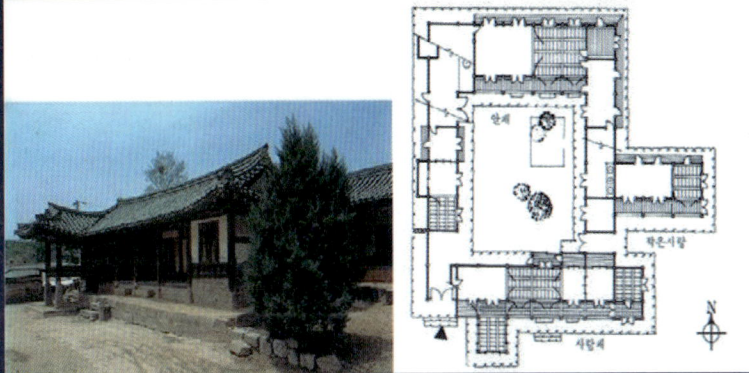
여주 김영구 가옥 사랑채 전면과 평면도, 문화재대관 중요민속자료편, 문화재관리국, 1985

하회동 하동고택 사랑채 전면과 평면도, 문화재대관 중요민속자료편, 문화재관리국, 1985

판단하라고 되어 있다. 사랑채는 별도로 사랑채 앞 지 사랑청 중심에 나침반을 놓으라는 주장이다.

그러나 영남지방의 정침(正寢, 제사를 지내는 몸채의 방)은 문제가 복잡해진다. 봉당이라고 불리는 안마당을 중심으로 ㅁ자 안채가 있고 그 앞에는 사랑마당이 있으며 행랑채 밖에는 별달리 바깥마당이라고 불릴만한 마당은 마련되지 않는다. 이 봉당은 비가 떨어지고 햇볕이 드는 곳이지만 마당처럼 쓰지 않고 완전히 내부공간처럼 쓴다. 말하자면 세마루 집의 가운데 공간인 마당과 기능이 유사하다. 중부지방에서는 이 공간을 '뜰'이라고 부르기도 한다.

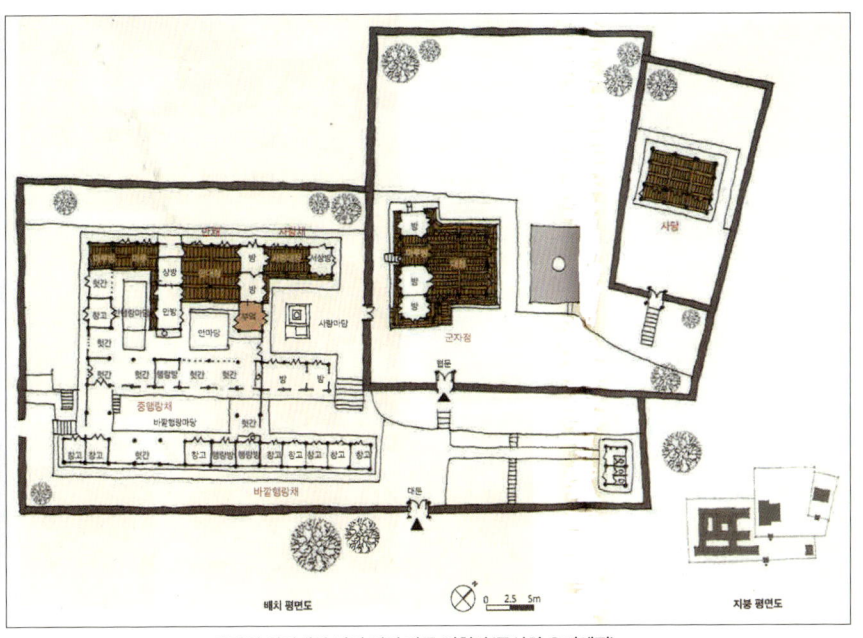

마당이 여러개인 집의 평면 안동 임청각(목심회, 우리옛집)

이런 곳에서는 당연히 봉당 복판에 나침반을 두고 천지운행을 살핀다. 나침반을 북극성에 맞추고 집주인의 운세(사주四柱)에 맞추어 별자리를 보고 이것에 맞추어 간잡이하는 것이다. 행랑채는 체상용(體相用)의 이론에서 용에 해당하므로 사랑채 앞에 나침반을 놓고 살핀다. 하회동 하동고택 사랑채에서 보듯이 사랑채 앞의 높은 기단을 사랑마당의 중심이라는 의미로 '뜨럭'이라고도 부르는데, 경기도에서는 이곳을 봉당이라고 하기도 한다.

19세기 말에 들어와서는 집의 규모가 커지면서 안채가 있는 안마당에서 한 번 나침반을 놓고 천지운행을 살핀 다음 다시 사랑채가 있는 사랑마당에서 두 번째 나침반을 놓고 판단하는 중국의 양택론이 우리나라에 수입되어 대 유행을 하게 된다. 사랑채 공간도 안채처럼 독립된 기능을 갖게 되는 것이다. 이 이론을 정리한 것이 손유헌의 '민택삼요'이다.

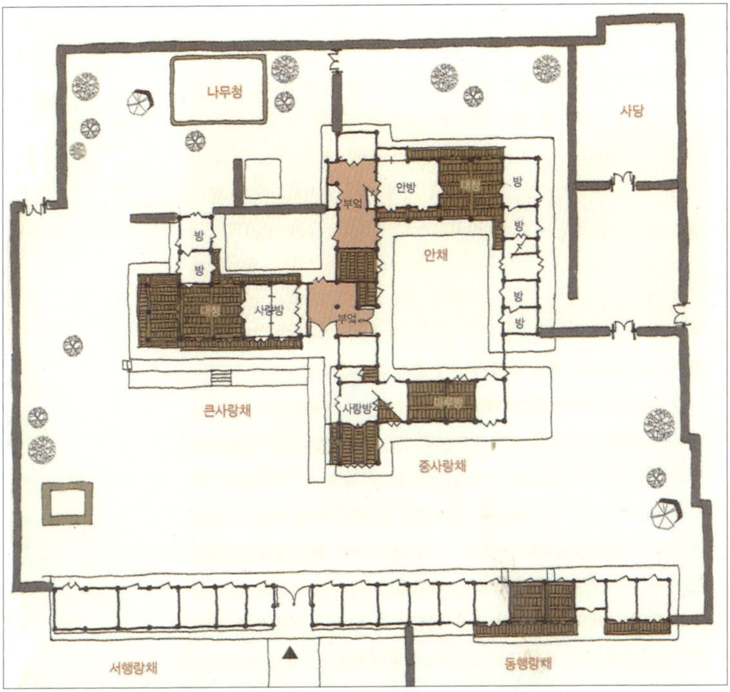

구례 운조루 배치평면도(목심회, 우리옛집)

구례 운조루 안채와 마당

구례 운조루 사랑채와 마당, 문화재청

4 체상용(體相用)의 미학

경복궁 주요 전각

경복궁의 전묘(前廟) 공간을 비교해 보자. 근정전은 장대해 보이지만 의례 때만 사용하여 외부에 형상을 드러내는 상(相)의 공간인 반면, 근정전 뒤의 사정전은 작지만 임금이 평소에 정무를 보는 체의 공간이다. 근정전을 두르고 있는 회랑과 전면의 여러 문들은 모두 용의 공간이며 광화문로 양쪽에 늘어서 있던 육조거리 역시 용의 공간에 속한다. 체상용은 사람과도 흔히 비교하여 설명한다. 체가 공간의 주체이며 크기는 작지만 오밀조밀하게 뒤(위)에 있으므로 사람의 머리에 해당하는 반면, 상은 장대하고 우람하게 보이므로 외부에 드러내는 외형의 공간, 즉 몸통이 된다. 용은 체와 상을 둘러싸고 있는 손과 발이 된다. 이것이 체상용 이론에 따라 집을 계획하는 방법이다.

사찰도 마찬가지이다. 고대 가람은 중앙에 금당(대웅전)을 두고 그 앞에 탑을 세웠다. 이것이 사찰의 얼굴이 되는 상(相)이다. 금당 뒤에는 강당인 설법전을 두고 그 뒤쪽에 조사의 탑인 승탑을 배치하였는데, 이것이 체(體)에 해당한다. 금당의 좌우 혹은 앞으로는 회랑, 문 등의 부속건물이 들어서있는데, 이것들은 용

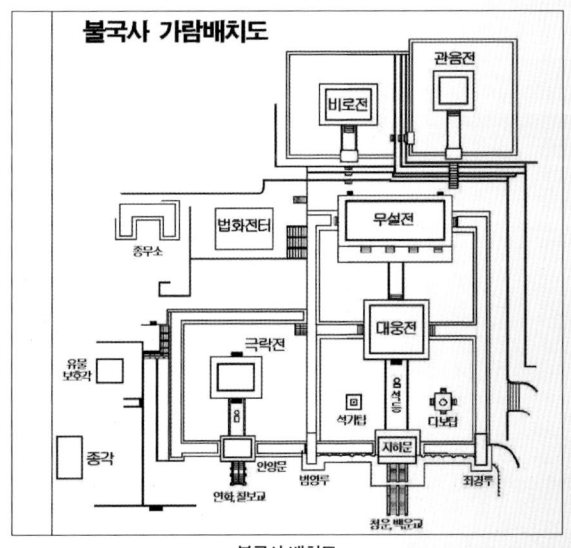

불국사 배치도

(用)에 해당한다.

신유교라고 불리어지는 성리학(양택론)에서는 이것을 차용하여 체와 용으로만 양택론을 설명한다. 안채는 집의 본질이므로 체라고 하고 사랑채는 외부 손님들이 들락거리는 장소이므로 용이라고 설명한다(행랑채에 대해서는 별도의 말이 없지만 모두 용에 속한다고 봐야 할 것이다). 또한 불교의 화엄종과는 달리 성리학에서는 체가 크고 용이 작아야 한다고 주장하기 때문에 항상 안채가 사랑채보다 크도록 계획해야 하며 사랑채가 안채보다 규모가 크거나 용마루가 높아서는 안 된다고 한다.

이 이론은 조선 전기 임진왜란 전까지는 그런 대로 잘 지켜졌다. 항상 안채가 크게 지어져서 그 집의 주된 세대(부부 포함)가 살았으며 사랑채는 심지어 아래채라고 불려지기도 하였다. 그러나 조선 후기에 들면서 바깥주인이 사랑채로 나 앉게 되고 부인의 재산권이 상대적으로 낮아지게

후원에서 본 송석헌(맨 뒤 높은 곳이 안채), 문화재청

되면서 사랑채 기능의 중요도가 높아지게 된다. 이를 접빈객(接賓客)이라 하는데, 이는 조선 후기의 사회사상이 상업을 중시(중상주의)하는 쪽으로 바뀌었음을 의미한다.

한 예를 들어 보면, 봉화의 송석헌의 안채는 사랑채보다 뒤쪽에 있긴 하지만 크고 용마루가 높게 계획되어 있어서 안대청에 앉아 사랑채 용마루 위로 햇빛이 안마당까지 쏟아지는 광경을 볼 수 있다. 이 때문에 안마당(봉당)이 작더라도 채광과 통풍이라는 기능을 충분히 할 수 있었다. 사랑마당은 사랑 뜰팡(기단 축대)을 높게 쌓아서 마치 집의 얼굴처럼 규모 있게 낯빛을 내세우고 있다. 성리학에서 말하는 체용의 이론을 깨뜨리지 않으면서도 교묘하게 체상용의 이론을 적용하여 상의 얼굴을 크게 내세우는 것이다. 체용의 이론만 주장하는 양택론이 지배적인 시대였음에도 현실에서는 훨씬 앞서서 체상용의 이론을 받아들이고 있었다.

송석헌 사랑채와 영풍루, 문화재청

5 국, 방, 좌, 향(局, 方, 座, 向)을 중요시하다.

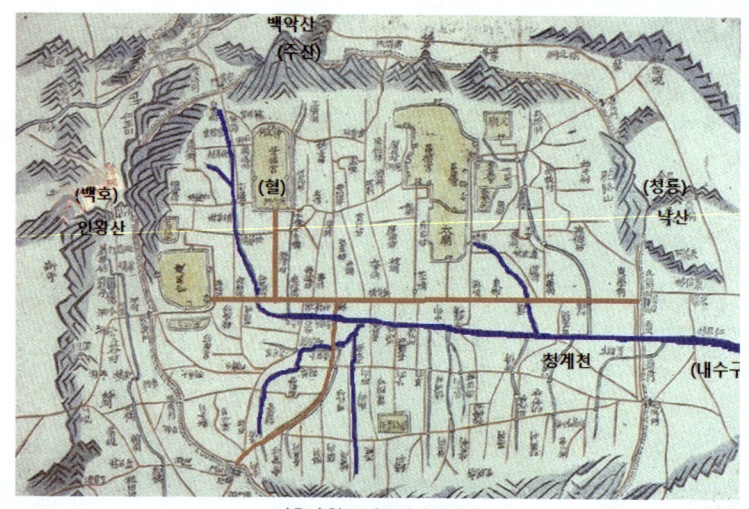

서울의 형국(대동여지도 편집)

국(局)은 혈(穴)과 사(砂)이다.

양택(陽宅)론에서 전통적 계획가, 즉 지사(地師)들은 집터를 잡을 때 우선 형국을 살피고 그 다음 방위와 좌위, 마지막으로 향위를 살핀다. 방(方), 좌(座), 향(向)에 대해서는 다음에서 말하기로 하고 먼저 국(局)이란 무엇인지 보도록 하자.

풍수지리에서 국이란 혈(穴)과 사(砂)를 말한다. '혈'이란 산세(맥)가 흘러가는 경혈 자리, 곧 명당이고 '사'란 주변의 형세, 곧 지세를 보는 것이다. 현대적으로 해석하면, 국이란 국량(局量)과 국면을 분석하는 것인데, 이렇게 어떠한 지세가 갖는 국면, 곧 형세를 보고 판단하는 것을 풍수지리에서는 '형국'이라고 말한다.

그럼 풍수지리(風水地理)란 무엇인가? 통상 다 아는 단어인 듯 싶지만 그 뜻을 정확히 집어내는 경우는 드물다. 풍수지리설이란 병법에서 출발한 이론으로서 풍수는 하늘의 운행, 곧 기후를 말하는 것이고 지리란 주변의 지세를 살피는 것이다. 쉽게 말하자면, 풍수는 언제 장마가 들고 태풍이 오며 눈이 내리고 땅이 녹을 것인가를 짐작하는 것이고 지리는 어느 곳에 병사들의 진을 치면 안전하고 방어하기 편할 것인지 등에 대한 질

풍수개념도

문인 것이다. 보통 병사가 산을 등지고 왼쪽에 개울을, 오른쪽에 둔덕을 두며 동쪽을 향하고 있으면 좋다고 한다. 이는 칼로 적과 싸움을 할 때 방패를 왼손으로 치켜들기 때문에 왼쪽에서 적이 접근하면 싸우기 편하고 또한 칼싸움은 보통 아침에 시작하여 저녁에 끝나므로 해질녘에 지는 해를 등 뒤에 두면 유리하다는 내용에서 출발한 것이다. 이런 식으로 풍수지리가 결정되었다.

일단 집터를 잡을 때 첫 번째로 해야 할 일은 땅의 국량을 따져 보는 것이다. 집을 한 채만 지을 지, 100호 정도 되는 마을 터를 잡을 지, 아니면 천 호가 넘는 도시의 터를 잡을 지 등등 집의 크기 혹은 마을의 크기에 따라서 국의 크기를 결정해야 된다. 천 호가 넘는 도시의 경우는 풍수지리를 따지지 않고 양택론에서 말하는 방위만을 보고 들판에 자리 잡기는 하지만 일반적으로는 국면을 보고 판단하였다.

예를 들면, 우리나라의 큰 마을들은 대개 강가에 자리하였는데, 물살이 천천히 흐르기 위해서는 강이 휘돌아 가는 곳이 좋으므로 배 형국이 가장 많다. 배 형국은 높은 곳을 이물(뱃머리)이라 부르고 낮은 곳은 고물이라고 하며 물이 자주 들어온다. 자연스럽게 높은 사람은 안전한 이물에, 고물 쪽에는 하층민들이 살았다. 또한 배 형국은 가운데로 큰 길이 놓이고 먼 동산에 말뚝을 설치하여 줄을 연결시켜 두었는데, 이는 풍수해가 들었을 때 피신할 수 있는 길이었다.

배 형국으로 배치 계획을 하였던 대표적인 경우가 안동 하회마을이다. 풍산 유씨 이전에 최씨가 이 마을에 살 때, 이들은 마을 한 복판으로 큰 길을 내고 여기에 열십자로 길을 내서 羊(양)자처럼 계획을 하였다. 양

안동하회마을, 하회마을보존회

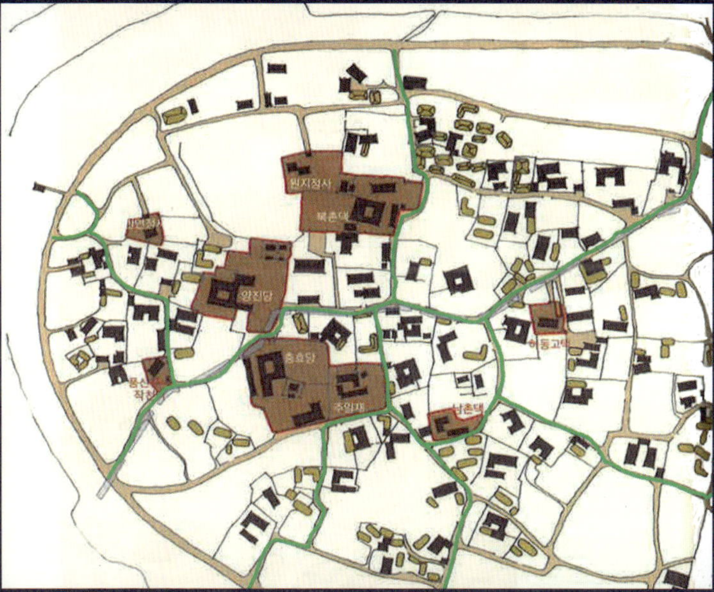

하회마을의 길(목심회, 우리옛집), 편집

의 머리 쪽에는 큰 집들이 자리하였지만 어느 해 풍수해가 들자 이들은 마을을 떠나버렸다. 다음에 이 마을에 들어온 풍산 유씨는 마을을 연화유수형으로 바꾸었다. 복판에 주요 건물들을 배치하고 마을 안길을 방사선 형태로 놓은 것이다. 마을의 중앙도 별로 높지 않기 때문에 강에 떠다니는 연꽃처럼 항상 위태로웠지만 500년 이상을 지켜온 유서 깊은 마을이 되었다. 국면인 형국을 다르게 파악함으로써 전혀 다른 마을 배치 계획이 되었던 것이다. 이처럼 형국이란 주변의 지세를 실존하는 물건에 상정하고 이것의 생태에 맞춰 배치 계획을 짜는 것이다. 서양의 도시계획 방법이 지극히 도식적인 기하학에 의존하고 있는데 반해, 우리나라의 경우는 격물치지(格物致知, 모든 사물의 이치를 끝까지 파고들어 앎에 이름)로써 그 지세와 유사한 물건의 생태에 맞게 계획한 것이다. 그렇다고 우리나라의 도시계획에 기하학적 배치가 없었던 것은 아니다. '예제(禮制)'라 하는 우리나라 도시계획의 기본도 기하학이다. 길을 '우'

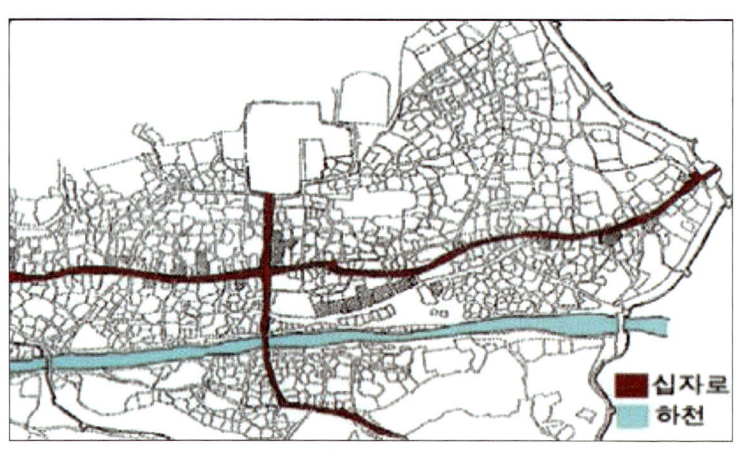

수원화성의 도시가로

자 모양(동문과 서문의 길을 가로로 놓고 남쪽으로는 대문을 연결)으로 만들고 머리 부분에 주요 건물들을 두는 방식으로, 이러한 도시계획 방법을 도가(道家)식이라 한다. 유학자 선비들은 예제를 주장하며 모든 도시계획의 기본을 기하학적으로 하는 도가식을 따랐지만, 대부분 민중들은 현실적으로 지세에 맞추어 짓기 위하여 앞에서 언급하였던 술가(術家)식을 따랐다.

도가식 계획의 대표적인 경우는 화성 성역이다. 대표적 고전주의자였던 다산 정약용은 예제에 따라 동문, 서문에 해당하는 남문, 북문(수원은 전체적으로 동향을 하고 있다)을 2,000보에 맞추고 종로를 그은 다음 그 중심에 종루를 두었다. 마을의 배치는 정전(井田)법을 기본으로 하는 방리제(坊里制, 왕경이나 지방의 거점지역을 통치의 목적아래 일정한 영역으로 나눈 도시구획 형태의 하나)에 따라 계획하였음을 어렴풋이 읽을 수 있지만 중국처럼 완전히 기하학적이지는 않다. 이는 우리나라의 지

화성전도(그림 중간의 수원천과 나란한 큰 길이 남북 방향의 종로이다.)

부용동 지도, 네이버 지도

낙안마을 형국도(옥녀산발형)

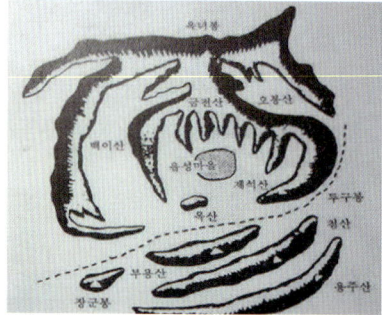

낙안마을 지도, kyujanggak.snu.ac.kr

세가 기복이 많아 도가의 방법보다는 술가의 방법이 더 어울리기 때문이기도 하다

윤선도가 계획하였다는 보길도의 부용동은 전형적인 분지형 마을로서 연화(부용) 형국이다. 원래 이곳은 형국에 맞추어서 마을 복판에 연못을 파고 길을 방사선으로 놓았었다. 그런데 도가였던 윤선도(남인)는 이런 술가식 마을 배치가 마음에 들지 않았다. 그래서 분지임에도 불구하고 서쪽을 향해서 '우'자형 길을 새롭게 건설하였고 자신의 집인 낙서재도 '우'자의 머리에 배치하였다. 하지만 너무 습기가 차서 불과 200년을 견디지 못하고 없어졌고 최근에 다시 복원되어 만들어 졌다. 이처럼 형국을 보는 데에 있어서도 술가와 도가는 서로 전혀 다른 관점을 가지고 있었다.

순천의 낙안읍성은 2개의 형국으로 해석한다. 좁게는 성곽을 중심으로 하는 '배 형국'이고 크게는 낙안 들판 전체를 보는 '옥녀산발형'이다. 옥녀산발형이란

낙안읍성 전경, 공유마당(우태하)

말은 출정을 하는 장군의 부인이 마지막으로 머리를 풀어 헤치고 단장을 하면서 장군을 기다리는 모습에서 유래되었다고 한다. 여기에는 옥녀봉, 장군봉, 투구봉 등이 있으며 옥녀에게 가장 중요한 머리빗(안산인 옥산, 성 동문 바깥)과 그 옆의 면경(평촌 못)도 갖춰져 있다.

이러한 마을 구조는 전쟁이 날 경우 노인들은 옥녀봉 뒤로 피난시키고 장군은 지휘부를 투구봉에 놓으며 주군은 장군봉에 배치하였다. 또한 머리빗과 면경을 성 밖에 놓은 것은 항상 주의하면서 관찰병을 파견하라는 의미로 해석된다. 이 같은 풍수지리적 지세 해석은 우리나라 도처에 많이 남아 있다.

방(方)은 집과 해의 관계다.

집터를 잡을 때의 축은 좌와 향을 우선하지만 집을 앉힐 때에는 방위를 중시한다. 좌(座)는 집을 앞에서 봤을 때 뒷산과의 관계이고 향(向)은 집 안에서 전면을 봤을 때나 대문 앞에서의 전망을 따지는 것이며 방(方)은 단순히 앉혀진 집과 해와의 관계이다. 적도 가까이 있는 인도의 경우에는 위도가 낮아서 겨울에는 앞에서 뜨던 해가 여름에는 집 뒤에서 뜨고 지므로 주된 건물을 터의 중앙에 놓았고 부속건물들은 주변으로 배치하였다.

하지만 우리나라는 위도가 북위 30 ~ 40도 정도이기 때문에 해가 집 뒤에서 뜨는 경우가 없고 오히려 집 뒤에는 1년 내내 햇볕이 들지 않는 절대 음영의 공간이다. 따라서 집은 터 뒤로 붙여서 배치하고 앞에는 마당을 두었다. 사찰의 경우 처음에는 우리나라도 인도식으로 마당 가운데에 탑을 세우고 주변에 부대건물을 배치하였지만, 집 뒤의 절대 음영 탓에 마당을 비워두고 그 주위의 건물들을 'ㅁ'자로 둘러 배치하는 방식이 일반화되었다.

우리나라 산세는 주로 서쪽으로 기울어져 있기 때문에 집의 좌향이 서향인 집이 많다. 따라서 안채는 지세에 맞추어 서향으로 앉히되 사랑채는 남향으로 두어 햇볕을 많이 받을 수 있도록 고려하기도 하였다.

양동마을 배치도(높은 산이 오른편 동쪽에 있어 집들은 동쪽에 등을 댄 서향이 많다.), 네이버지도

대표적인 경우가 경주 양동마을의 향단이다. 향단의 사랑채는 남향이기 때문에 사랑마당을 넓게 만들었고 대신 가운데에 안마당을 조그맣게 마련하여 안방은 남향을 향하지만 안대청은 서향을 향하도록 계획하였다. 그리고 특이하게도 'ㄴ'자형 안채 앞뒤로 행랑채를 동서로 늘어서게 덧붙여서 집의 축이 산세에 맞추어 서향하면서도 전체적으로는 남향하여 햇빛을 받을 수 있도록 하는 특이한 평면 형식을 택하고 있다.

양동마을 향단 배치도(목심회, 우리옛집)

양동마을 향단 전경, 문화재청

나주 도래마을의 홍기응 가옥도 그렇다. 안채는 지세에 따라 서향으로 앉혀 있지만, 사랑채만은 별당처럼 별도의 담장을 두른 채 남향하여 배치되었다. 양동마을의 향단에서는 대문이 사랑채에 맞춰 남향하고 있지만 홍기응 가옥의 대문은 서향을 하고 있어 이채로운데, 이것은 양동마을 향단의 대문간이 후대에 고쳐진 것임을 말해 준다. 이 때에 적용한 양택론(간잡이 방식)이 초창기 때와는 사뭇 달라졌기 때문이다.

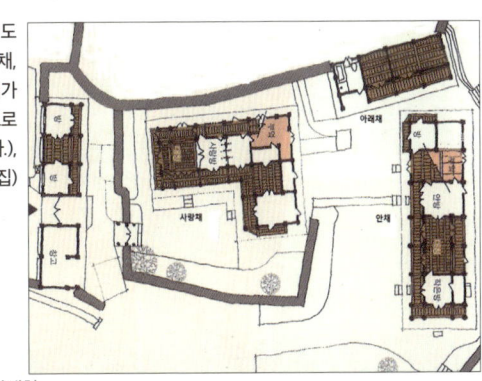

홍기응 가옥 배치도
(왼쪽에 ㄱ자형 사랑채,
오른쪽에 일자형 안채가
서에서 동으로
산을 등지고 앉아 있다.),
(목심회,우리옛집)

나주 도래마을 홍기응 가옥 사랑채, 문화재청

선교장 전경, 공유마당 (이응준)

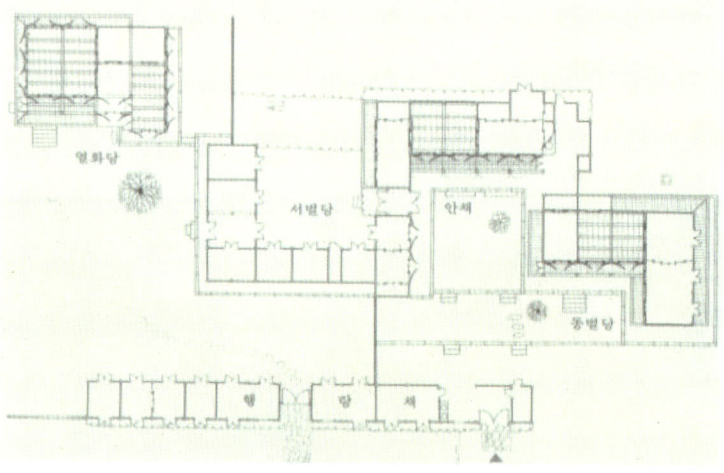

강릉 선교장 배치도(열화당이 사랑채이다), 네이버지식백과

녹우당 전경, 문화재청

반대로 강릉 선교장의 경우에는 안채가 나지막한 뒷산을 끼고 있기 때문에 여타의 집처럼 사랑채를 앞쪽에 놓지 않았고 옆으로 나란히 배치하였다. 이는 우리나라에서는 자주 쓰이는 방식으로, 특히 18세기 이후 주기론자(중상주의)가 득세하면서 나타난 현상이기도 하다.

해남 윤씨 고택인 녹우당을 보면 우리나라에서는 보기 드물게 안채, 사랑채, 문간채가 일직선 종축 상에 三자로 배치되어 있다. 이는 뒷산의 산세가 길게 뻗어 내려오기 때문이다.

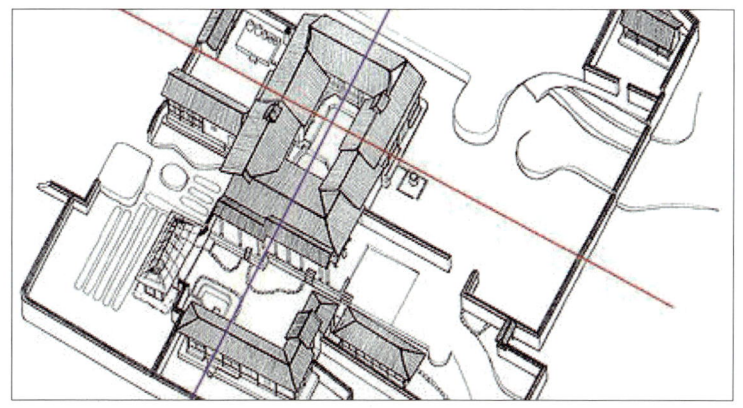

해남 윤씨 녹우당 투상도, 김봉렬, archidata.co.kr

좌(座)는 뒷산과의 관계다.

집터잡기 고려사항에서 둘째는 방위라고 하였다. 하지만 이것은 1천호가 넘는 도시의 집터를 볼 때 양택론에서 말하는 이론이고 일반 집자리는 우선 터의 형세를 살핀 다음 기대고 앉을 뒷산(鎭山)과의 관계를 보는데, 이를 좌위라 한다. 구체적으로 말하자면 좌위란 집의 주된 건물이 뒤가 높은 곳에 기대어 앉고 앞은 시원하게 멀리 툭 터지게 배치하는 방법을 말한다.

우리나라의 산은 노년기라서 봉우리(정상)와 그 바로 아래의 비탈을 제외하고 사람이 살 수 있는 부분은 보통 세 군데, 즉 산기슭과 산자락 그리고 들판이다. 산기슭은 경사도가 30도 이하로써 물매가 1/20 내외이고 산자락은 1/30 정도, 들판은 1/100 이하이다. 물 빠짐이 비교적 좋은 물매는 1/50 전후 정도이기 때문에 우리나라의 마을은 대체로 들판이나 산기슭이 아닌 산자락에 배치되어 있는 경우가 많다.

들판은 주로 경작지로 활용될 뿐 아니라 무엇보다도 10년 혹은 30년 주기의 홍수에 침수되기 쉬운 단점이 있고 산기슭은 올라 다니기도 불편하였고 우물이 나오기도 어려우며 산사태의 위험도 컸기 때문이다. 간혹 들판에 지어진 마을이 있는데, 그것은 갑오경장 이후

일본식 도시계획의 영향을 받아 만들어진 새로운 마을일 것이며 산기슭에 지어진 집은 특수한 목적의 공부방이나 휴식과 제사공간으로 이용되는 제실 아니면 아주 가난해서 마을에서는 집터를 구할 수 없는 사람의 거처였을 것이다. 이렇게 산기슭과 산자락을 따지는 것도 좌위에 있어서 집을 뒷산 마루에 너무 붙여서는 안 되기 때문이었다.

만약 도시에서처럼 뒷산이 없는 곳에서는 뒷산 대신 뒷집 혹은 옆집이라도 서로 기대는 것이 좋고 그것도 여의치 않을 경우에는 집을 틀어서 대문이 측면에 날 수 있도록 계획하는 것이 좋다. 요즘 관점으로 말하자면 외부로부터 폐쇄된 집의 작은 뒤뜰을 만들어서 프라이버시가 확보되는 공간을 확보하되 그쪽으로는 출입구를 내지 말라는 말과 같다.

아무튼 무엇보다도 좌위를 살필 때의 핵심은 집의 주된 건물(주택에서는 안채)과 뒷산(鎭山)과의 시각적 관계 설정에 있다. 대문을 들어섰을 때 안채(사찰의 경우 대웅전 혹은 전각) 너머로 보이는 뒷산의 모습이 어떻게 나타나느냐 하는 점 등이 이에 해당하는데, 당연히 뒷산의 형상이 오행으로 어떠냐 하는 점이 가장 중요하다. 그리고 오행과는 별도로 가장 높게 평가하는 점은 뒷산(鎭山)다운 진중한 모습, 아름다움 그리고 빼어

남이다. 이처럼 뒷산은 집의 뒷배를 봐주는 후견인 역할을 하는 것이므로 매우 중요하다.

다음은 아름다움에 관해 이야기를 해 보도록 하자.

무슨 얘기냐 하면, 자칫하면 집은 죽고 뒷산만 빼어나 보이는 경우가 있다. 절경지에 지은 사찰들이 이런 경우가 많은데, 이럴 때는 차라리 사찰이 뒷산의 머슴처럼 바짝 엎드려 있는 것이 낫다. 또한 절경지에 정자를 배치할 때는 서로 반대쪽에 대비되게 앉히는 것이 핵심이다. 도담삼봉이나 하회의 부용대에 정자를 앉힐 때 꼭지에 배치하지 않는 것이 이런 이유이다.

도담삼봉의 정자, 공유마당(박광현)

그리고 집의 배경인 뒷산을 안채 용마루의 어느 쪽에 얹을 것인가도 중요한 문제이다. 산의 형태인 오행에 따라 조금씩 다르지만 가장 중요한 점은 뒷산의 꼭지(산의 정상)를 집 용마루의 중앙 부분에는 두지 않는다는 것이다. 다시 설명하면 뒷산은 어디까지나 후견인으로 버티고 있어야지 뒤에까지 축을 맞춰 앉아서 집주인을 겁박하는 형태가 되어서는 안 되기 때문이다.

사찰의 뒷산들 중 빼어난 경관들이 많다. 장성 백양사의 뒷산도 화산으로 봉우리가 여럿이어서 아름답기로 유명하다. 이곳 역시 대웅전 용마루 중앙에 뒷산을 놓지 않고 옆으로 펼쳐서 집을 병풍처럼 감싸 안도록 하였다. 이 곳의 특이한 점은 뒷산을 정면으로 보면서 진입하게 한 것이 아니라 측면을 통해 집 안으로 출입하도록 계획하였다.

백양사 대웅전과 뒷산, 문화재청

해남 미황사의 뒷산인 달마산도 역시 화산이며 빼어난 경관을 가진 뒷산 중 하나로 손꼽힌다. 여기는 사찰이 축을 틀어 바짝 엎드려 앉음으로써 사찰의 엄숙함을 뒷산 앞에 경배하는 모습으로 읍소하고 있는 듯하다.

미황사 대웅보전과 달마산, 문화재청

해남 윤씨 고택인 녹우당 가옥의 뒷산은 꼭지가 하나인 산이다. 이 산 자락에 고즈넉하게 마을이 자리 잡고 있는데, 도가(道家)의 방법론에 따라 원칙적으로 집들을 배치하였으며 우(右) 심장에는 고택을, 좌(左) 콩팥 자리에는 연못을 만들었다(오행에서 콩팥은 물이고 심장은 불이며 위장은 흙이고 간은 나무(동쪽)이며 폐는 금(서쪽)이다. 이 마을에서는 이에 따라 하호가 배치되었다).

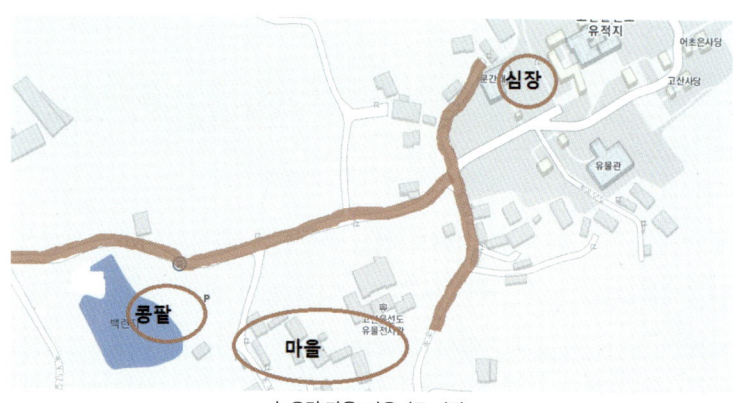

녹우당 마을, 다음지도 편집

향(向)은 무엇을 보고 앉을지가 문제다.

집의 좌를 정하면 다음은 집이 무엇을 향하게 할 것인지를 결정해야 한다. 좌와 향은 앞과 뒤를 보는 것으로 서로 정반대 개념이다. 이렇게 개념만 보면 좌위에 따라 향위도 저절로 결정되는 것이 아닌가 라고 생각하기 쉽지만 그렇지 않다. 좌위는 집의 주된 건물이 어디를 등지고 앉을지를 살펴보지만 향위는 무엇을 보고 있게 만들지에 대한 문제이기 때

거촌리 쌍벽당 전경, 문화재청

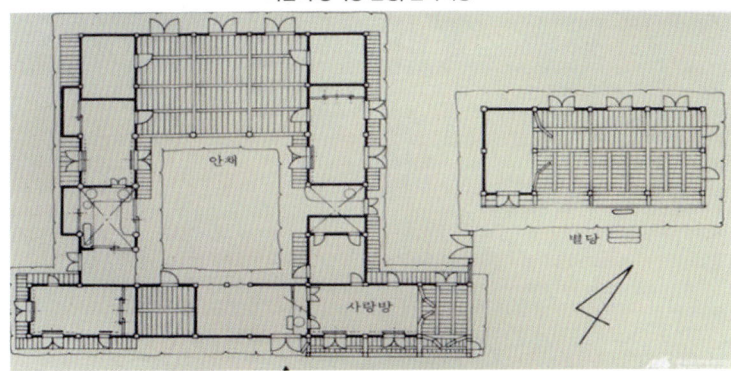

거촌리 쌍벽당 배치도

문이다.

안채 앞에 서서 앞 건물(행랑) 너머로 보이는 장면이 향위인데, 이 때 행랑채가 똑바로 놓였는지 혹은 살짝 비뚤어 놓였는지 하는 정도에 따라 앞 경관의 축도 같이 바뀐다(거촌리 쌍벽당 참고).

이 대목에서 영남학파인 남인들과 기호학파인 서인들의 견해가 달랐다. 남인들은 주리론자여서 안채, 사랑채, 행랑채 건물들이 줄 바르게 나란히 놓여야 한다고 한 반면, 서인들은 주기론자이니 안채는 좌를 중심으로 배치하고 사랑채는 향을 중시하기 때문에 안채와는 약간 비뚤게 앉혀져도 상관이 없다고 주장하였다.

완주 화암사에서 보듯이 우리나라의 선종 사찰들은 언뜻 보기에는 네모꼴로 배치된 듯 보이지만 똑바로 놓인 건물들이 거의 없다. 이런 경향은 민가에서 더 심했으며 양반집들도 예외는 아니었다. 하지만 영남의 남

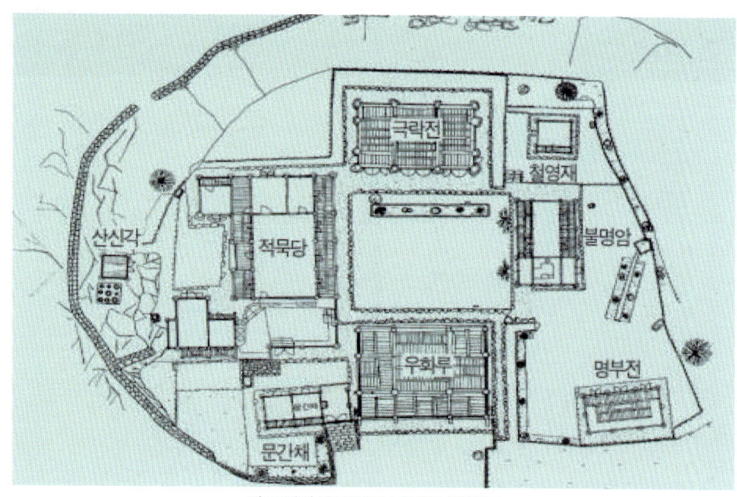

완주 화암사 배치도, 네이버지식백과

양동마을 향단의 후원에서 본 원경, 문화재청

인들 양반집의 경우를 보면 '줄 바르게 나란히'를 지키려고 애썼던 것으로 보인다.

집의 향은 탁 트인 원경을 좋아하지만 반드시 근경과 중경 그리고 원경이 모두 갖추어져야 바람직하다. 근경은 담장이나 행랑으로 자기 집안에 있을 것이고 중경은 '案(책상 안)'이라고 해서 통상 '안산'이라고 부르며, 원경은 '조(朝)산'이라고 부른다. 멀리서 아침 조회하듯 배열해 있다는 의미이다. 향위의 켜는 많을수록 좋겠지만, 대개 근, 중, 원경의 3개면 족하고 5개의 켜 정도라면 매우 훌륭하다고 볼 수 있다.

이런 것들이 미약할 때는 인위적으로 근경과 중경을 만들기도 한다. 여기에 너른 강이나 들판이 펼쳐지면 금상첨화이다. 너른 강이나 들판은 수평적 시각 요소로서 마음을 편안하게 하고 어머니가 계시는 고향 집

뾰족한 산봉우리를 가진 영암 월출산 문필봉(좌)
한옥 지붕너머로 보이는 남산(우), 공유마당(이상화)

을 연상시킨다.

진산(鎭山)은 깊은 것을 최고로 치지만 조산(朝山)은 빼어난 것을 높이 평가한다. 특히 '문필봉(文筆峰)'이라고 해서 산봉우리가 삼각형으로 뾰족한 형을 좋아한다. 한양의 남산(조산)은 성안에서 보면 붓처럼 보이므로 한양에는 과거에 합격하는 사람이 많이 나온다고 하였다. 그래서인지 안채에서 볼 때 행랑의 긴 지붕 너머에 원경으로 받쳐두는 집이 많았다.

만대루에서 바라본 전경, 공유마당(주성지)

건축인들이 가장 좋아하는 집 중에 하회의 병산서원이 있다. 만대루에 오르면 사방이 확 트이고 앞에는 휘돌아 가는 깊은 낙동강 물이 있다. 그러나 그 앞은 병산이 꽉 막혀 있어서 조금 답답하기도 하다.

이런 느낌을 상쇄하기 위해 중간에 솔숲을 조성한 중경을 두어 앞산을 원경으로 바라보도록 만들었던 것인데, 일제 때 송진 공출로 말미암아 방사(防邪, 사악한 기운을 막아주는)인 이 노송 숲이 없어져서 지금은 더욱 막혀 있다는 느낌이 든다.

최근 들어 새로 심은 나무가 자라서 많이 나아졌지만 일제 때 찍은 사진에 나오는 노송 숲만은 못한 것 같다.

건너편에서 내려다 본 병산서원, 공유마당(안장헌)

집(마을)의 중경인 안산에는 조그만 정자를 세워서 마을 사람들의 휴식 장소로, 그리고 외지인 출입의 감시 장소 역할도 한다. 마을 앞에 안산이 없으면 개울을 따라 나무(고목)를 심어두고 정자를 세우기도 하였다.

봉화 닭실마을 어귀의 청암정, 공유마당(우태하)

제주도 명월대에서 보듯이 안산을 인위적으로 만드는 경우도 있는데, 개울물이 흐르지 않는 건천인 경우에도 (굿은)물통을 만들고 나무를 심어서 낭굽(나무 밑둥)에 평상을 둘러 사람들이 모이게 하기도 하였다.

제주 명월대 전경, 문화재청

겸재 정선 인왕제색도에서의 원경, 문화재청

조산은 원경으로 멀리 보이는 산의 실루엣인데, 산봉우리들이 나를 향해서 조회하듯 달려오는 것을 좋은 것으로 친다. 오행으로 보면 이 산들이 서로 상생인 것이 좋고 상극인 것은 나쁘다고 판단한다.

예를 들어, 서울의 남산은 목(木)산이고 관악산은 화(火)산이며 인왕산은 금(金)산이다. 나무(木)와 불(火)은 상생이지만 쇠(金)는 상극이다. 따라서 남산과 관악산을 앞으로 겹쳐 두는 것은 좋지만 남산과 인왕산을 동시에 앞으로 두는 것은 좋지 못하다. 아마도 디자인 요소의 중복이라고 봤던 듯하다.

참고로 말하자면 사람 머리모양으로 솟아오르면 목산,

목산 모습의 남산 옛 사진

관악산 원경

백악 뒤에 숨은 보현봉(규봉)

봉우리가 뾰족하면 화산, 상자모양은 토산, 넓은 종모양은 금산, 봉우리가 물결같으면 수산이라 하나 방향에 따라 달리 보이고 해석하는 방법에 따라 다를 수도 있으니 뭐라 확정할 수는 없다.

제일 나쁘다고 판단했던 것은 규봉(窺峰, 숨어서 엿보고 있는 것처럼 보이는 안산)이다. 담 밖에 산 너머로 작은 산봉우리가 숨어서 엿보듯 기분 나쁘게 서 있는 것이다. 경복궁 뒤의 보현봉이 규봉의 한 사례이다.

제주 성읍(정의골)에는 재미있는 일화가 있는데, 동헌 앞 지평선 너머로 멀리 표선 해안의 매봉 봉우리가 엿보고 있다. 필경 고을 원님은 이것을 '고을 아전이 사또를 능멸하는 형국'이라고 해서 지평선에 큰 성벽을 쌓아서 엿보는 것을 막게 했다고 한다.

고서에 그려진 산의 오행 분류

규봉(窺峰)의 모습, life.g-enews.com

성읍민속마을 한봉일 가옥

6 정택(靜宅)과 동택(動宅)이란?

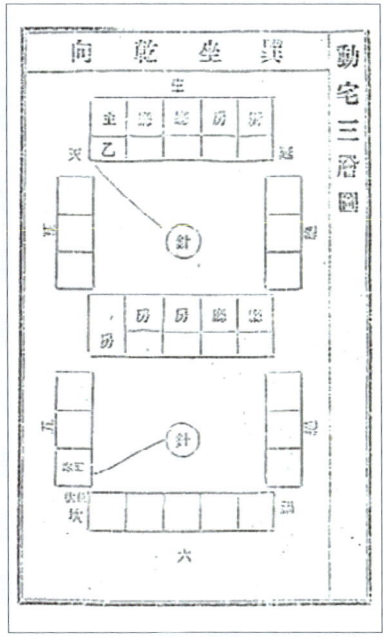

동택(양택삼요)

우리는 건축 공간에도 3차원의 공간과 움직이는 시간이 있다고 생각은 많이 하면서도 논리적으로 설명하지는 못한다. 그저 이를 자연에 잘 순응한 건축이라고 설명하는 정도일 뿐이다. 하지만 양택론에서는 이것을 간명하게 말하고 있다. 즉 햇빛이 드는 너른 마당이 1개인 집을 '정택(靜宅)'이라고 하고 2~4개인 집을 '동택(動宅)', 5~9개인 집을 '변택(變宅)', 10개 이상인 집을 '화택(化宅)'이라 하고 있다. 마당과 마당을 연결하는 좁고 어두운 공간은 목이라고 부르며 그것의 모양과 크기, 연결 형식에 따라 많은 기법들이 존재한다.

규모가 작은 집은 안채와 그 앞에 놓인 마당, 그를 둘러싼 헛간채와 출입구 정도로 이루어지는데, 그 공간은 고요하고 음악적 율동의 감흥을 일으키지 않는다. 물론 여기에도 출입구에 계단을 놓는다든가 담장을 두르고 뒤란(뒤뜰)을 설치하는 등의 기교를 부릴 수는 있으나 공간은 움직이지 않고 원근의 3차원만 존재한다. 역시 집은 안채와 사랑채라는 서로 대비되는 음양 공간이 있어야 한다. 안마당과 사랑마당 등 2개 이상의 마당이 있고 이를 연결하는 좁고 어두운 공간들과 연속된다면 비로소 공간이 움직이는 음악으로 탄생한다. 단가(시조나 한시)에서 말하는 기승전결의 율동이 생기는 것이다. 여기까지가 민택에서 조성되는 공간의 율동(음악)이다.

제주 올레 공간 역시 원래는 민택에 들어가는 도입부의 이름인데, 진입하는 동안 어둡고 긴 시간을 경과하도록 계획됐다. 볕이 빛나는 마당의 절정을 맛보기 위하여 긴 도입부를 설정한 것이다.

제주 초가의 올래와 지방돌

양택론에는 "여러 채가 겹쳐진 큰 집이 아닌 경우에는 대문을 정면에 두지 말라"는 문구가 적혀 있다. '남향집에 동대문'이라는 속설은 여기서 나온 것이다. 대문과 집을 정면으로 놓지 않는 이유는 집안에 있는 사람이 길가를 지나가는 사람들의 동태를 살필 수 있도록 한 것도 피할 뿐 아니라 대문 밖에서 사람들이 지나가면서 집안의 움직임을 보게 하는 것도 피할 수 있기 때문이다. 중국을 다녀 온 많은 실학자들이 중국 가옥의 단점으로 위 같은 점(대문과 집이 정면으로 놓여 있는)을 지적하고 있는데, 우리의 경우 이것을 확실하게 단속한 것이다. 어재연 장군 생가의 대문처럼 말이다.

만일 사랑채 앞에 똑바로 대문을 두고 싶으면 여러 채의 대문을 겹쳐서 원근감을 깊숙하게 만든다. 대표적인 경우가 경복궁이다. 광화문을 지나도 몇 개의 문을 지나야 중문인 근정문에 이를 수 있게 계획되었다. 이렇게 중문 앞에 몇 개의 대문들을 통해 거리감을 표현하려고 한 계획은 고려 말기 이후의 성리학적 미학이라고 봐야 할 것이다. 사찰 앞에 여러 개의 대문채가 들어서는 것도 13세기 이후의 일이다.

외대문은 도입부의 초입으로 일주문이나 홍살문으로 암시를 주지만 민택에서는 흔히 지방돌을 쓴다. 제주의 민가에서도 그렇고 소쇄원의 초입에도 지방돌을 놓

어재연 장군 생가, 문화재청

어재연 장군 생가 평면도

소쇄원 지방돌

아 내외를 구분하는데 그 상징적인 의미가 강하다. 그런데 요즘에는 자동차 출입에 방해된다고 이 지방돌을 없애는 분위기이며 실제로 많이 없어지고 있다. 안과 밖을 구분하는 전통적 상징성인데 자꾸 없어진다는 것이 안타깝다.

안마당에 들어서는 중문으로는 보통 큰 대문을 두는데, 높은 계단 위의 솟을삼문을 쓰거나 그 솟을삼문과 머리를 내리누르는 누마루 아래의 어두운 공간이 느낌이 어울리므

외암마을 건재고택 솟을대문, 문화재청

마루 아래로 들어가는 누마루(부석사 범종루)

로 누마루집을 이용하기도 한다. 화산서원의 경우는 다소 다른 방법을 쓰고 있는데 외삼문보다 내삼문을 아예 높게 놓아둠으로써 진입하는 사람에게 시선 차단의 의도를 넘어서 다소 위압감마저 느끼게 한다.

화산서원 전경(높은 계단 위에 솟아있는 내삼문이 보이는데 외삼문을 지나 양 강당 사이에 우뚝 솟아 있는 내삼문을 바라보는 느낌을 생각해 보라.), 문화재청

7 전각(殿閣)에서의 변택(變宅)과 화택(化宅)이란?

진도 씻김굿의 여러 장면들, 문화재청

서양의 심포니는 주로 1악장에서 4악장으로 구성되는데, 전체를 처음부터 듣기도 하고 한 악장만 골라서 듣기도 한다. 우리나라의 음악도 마찬가지이다. 고전 음악으로 유명한 영산회상도 몇 편의 음악이 하나로 모여서 구성된 것이다. 마당극이나 무속음악도 여러 마당으로 이루어져 하룻밤을 꼬박 새면서 연주하는 경우를 많이 볼 수 있다. 하지만 이것도 나누어 본다면 몇 편의 토막극이 묶여 있다고 볼 수 있다. 단가(짧은 음악)라고 할 수 있는 시조의 경우도 초, 중, 종장으로 나뉘며 매우 간단하지만 많은 율동과 가사를 만든다.

건축도 마찬가지이다. 안채와 사랑채, 대문간이 일직선으로 늘어서 있는, 즉 1개의 축만 가진 공간 구성이 가장 단순하고 일반적이다. 이러한 구성은 중국 건축에서 쉽게 찾아볼 수 있는데 대문을 지나면 사랑채가 나오고 사랑채를 돌면 안채가 앉아있는 형식이다. 권위는 있어 보이는 구조이지만 공간의 음악적(율동의) 맛은 떨어진다. 중국의 집들은 멋없이 지루할 정도로 이렇게 만든다. 반면에 우리나라의 집들은 일직선 축이면서도 건물을 살짝 비뚤게 앉혀서 그 얼굴을 약간 비스듬하게 볼 수 있게 한다. 율동감을 갖는다고나 할까?

부석사 무량수전이 대표적인 경우인데 우리나라의 전통 초상화의 기법을 보는 듯하다. 어느 시점에서 볼 때 초상화의 얼굴처럼 비껴 보이도록 건물을 20도 정도 틀어두었기 때문이다. 집 앞에는 중문 격인 범종루를

살짝 비켜 본 부석사 무량수전의 얼굴

송시열 초상화, 문화재청

세워서 이렇게 한 지점에서만 바라볼 수 있도록 시각점을 고정하고 있다.

한편, 우리나라의 사대부 주택이나 관공서 전각건축은 대개 2개 이상의 축을 쓴다. 옛 건축에는 안채와 사랑채처럼 대개 2개의 큰 주제가 존재하는데, 하나는 정신적 지주가 되는 몸통(體, 사실은 머리)이고 다른 하나는 외부로 드러나는 얼굴(相, 사실은 몸통)이다. 이들을 모두 일직선 축으로 배치하는 경우도 있었지만, 보통 중국과 다르게 2개의 축을 써서 별도의 공간 얼개-음악적 율동-를 구성하고 있다. 심지어는 2개의 축을 직교시키는 경우도 가끔 있었으며 궁궐같이 큰 건물들은 3개의 축을 쓰기도 하였다.

이 3개의 축을 쓴 대표적인 경우가 경복궁이다. 중심축은 정전, 동쪽 축은 동궁과 대비, 후궁들의 공간인 내전 공간, 서쪽 축은 경회루가 있는 휴식의 공간이다.

중국의 자금성은 3개의 축에 같은 개념의 집들만 일직선으로 늘어놓은 것과는 달리, 경복궁의 경우는 이렇게 좌우가 전

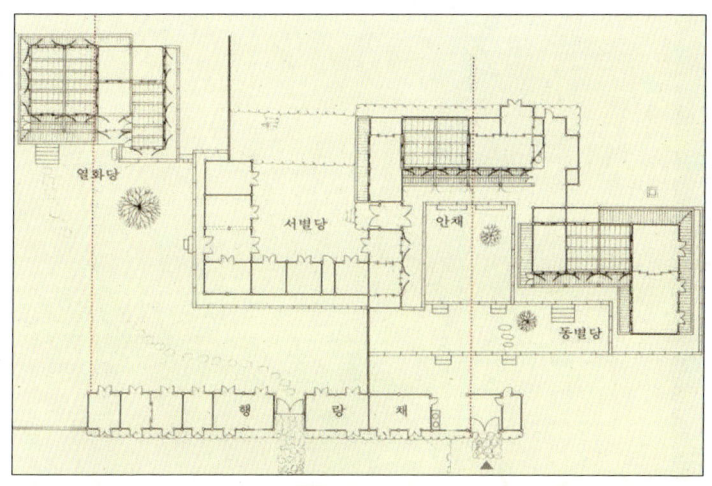

사랑채(열화당)와 안채가 2개의 축으로 구성된 강릉 선교장, 민족문화대백과사전

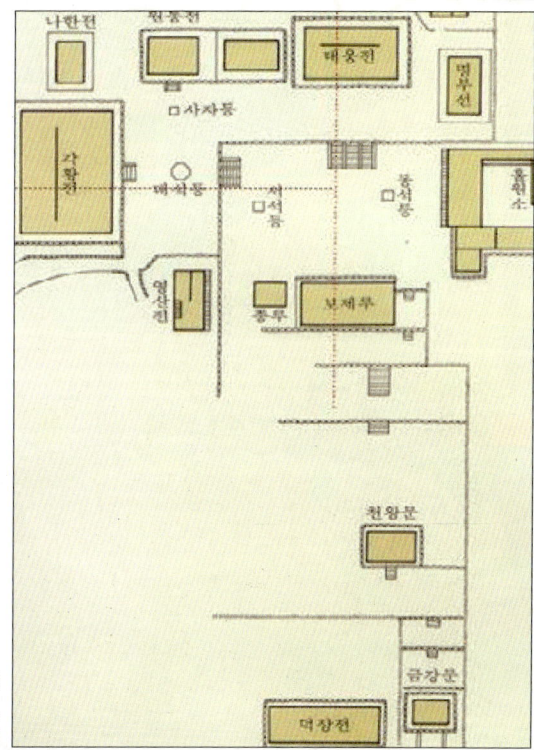

2개의 축이 직교하는 구례 화엄사, 민족문화대백과사전

3개의 축이 있는 경복궁, 경복궁 장기복원계획 배치도, 경복궁복원정비기본계획 보고서, 문화재관리국, 1994

병산서원의 하늘우물(마당), 문화재청

혀 다른 공간 구성을 하였다. 중국의 자금성은 규모가 압도적이기는 하나 음악적 율동을 느끼거나 영화 같은 극적인 재미는 찾아보기 힘들다.

그리고 주요 건물(양)의 앞에는 음양의 조화를 이루도록 하늘우물(天井)이라고 부르는 마당(음)을 둔다. 하늘 우물은 우리가 통상 천정이라고 부르듯 땅에 대비해서 하늘을 받친다는 뜻을 지닌다. 요즘은 이를 빛 우물이라고도 부른다.

마당의 너비는 건물의 높이와 같게 하는 것이 보통인데, 시각을 편안하게 하기 위해 용마루 높이의 2배 길이로 앞대문과의 중심을 잡아 계산하기도 한다.

마당의 숫자가 몇 개로 이루어졌느냐에 따라 변택(變宅, 9개 이하)과 화택(化宅, 10개 이상)으로 분류한다. 변택이면 비로소 공간의 음악적 율동을 느낄 수 있다는 것, 화택이면 다양한 심포니 같은 음악적 율동을 감지할 수 있다는 것이다. 마당의 크고 작음은 박자의 큰 박과 작은 박의 연속이고 이것을 이어주는 좁은 목은 큰 박의 다른 맛을 보게 하기 위해 설정되는 것인데, 그 기법에는 음악과는 다른 다양한 시각적 방법들이 존재한다. 어둡게 만든 누마루 밑을 통해 나오게 한다든지 긴 골목을 지루하게 돌아들게 한다든지 등이 고전적인 방법들이다. 다른 방법으로 개울을 건너는 다리나 축대로 가로막아 만든 계단을 두기도 한다. 지루하고 긴 돌계단 설정은 다음의 세계를 현 세계와는 다른 신선만이 사는 선경으로 인도해 준다는 상징적 의미이다.

양택론에서는 단순히 마당의 숫자만으로 변택과 화택을 논하고 있을 뿐 이것을 연결해 주는 목의 기법에 대해서는 자세한 설명이 없다. 상택서나 조원(造園)론에서 간략하게 다루고 있기는 하지만 다소 미흡한 면이 있다. 추정컨대 옛 어른들의 경우 전인교육을 목표로 하였기 때문에 자연스럽게 음악이나 그림 등의 예술을 통해 이 방법들을 깨달았던 것으로 생각된다.

병산서원의 건물배치

우리는 판소리 마당에서 치는 북 하나만으로도 여러 가지 소리를 들으며 공간을 느낀다. 이처럼 건축을 볼 때도 마당의 연속 속에서 시간의 흐름과 밝음, 어두움의 강약을 감지할 수 있다.

제주 애월읍 하가리 올레(김홍식, 한국의 민가)

화암사 우화루 전면, 문화재청

 ## 일으키고 이어가는 기승(起承)의 아름다움

무안 성남리 석장생, 문화재청

보성 해평리 석장승(위), 문화재청
경기도 광주시 엄미리 장승(아래), 러브인클린 광주

우리나라 시(詩)나 음악의 율동 구성은 흔히 4매듭으로, '기승전결(起承轉結)'이라고 한다. 흥을 일으키고 이어가다가 굴린 다음 마지막에 극적 절정에 이르게 하는 것이다. 물론 조금 복잡한 시나 음악은 7단계인 '기승요포서전결(起承腰鋪舒轉結)'로 이루어지기도 한다.

옛 선인들은 이것을 사람 몸의 형상과 비유하였는데, 기승은 팔, 다리이고 요는 허리이며 포서는 몸통과 가슴, 전결은 목과 머리에 해당한다. 허리와 목은 가늘어서 굽고 굴려야 하며 포서는 넓게 펼쳐야 한다는 주장이다.

건축 공간에서 일으키는(起) 요소를 사람의 입과 같이 어귀라고 하는데, 마을이나 집의 어귀(洞口)에는 몇 개의 상징물이 세워진다. 서민 마을(자연취락)에서는 보통 장승이, 양반마을(집성촌)에서는 비석과 비각이 이

화북 비석거리 전경, 문화재청

봉화 석천서당 입구 청하동천

에 해당한다. 장승과 비석은 마을 입구에 덜렁 하나만 있는 경우도 있지만 어귀 길을 따라 줄지어 선 경우도 있다. 봉화의 닭실 마을에서는 청하동천이라는 골짜기 이름을 어귀에 새겨 두기도 한다.

집의 초입 어귀에는 반드시 지방돌을 놓아 구분하였다. 가로로 놓인 이 돌은 단순하지만 외부와 내부를 가르는 상징물이었다. 말을 탈 때 이용하는 말팡돌이나 어귀를 상징하는 어귀돌을 지방돌로 놓거나 부자집인 경우에는 대문간을 두기도 하였다.

외부에서 어귀에 이르는 각도도 중요하다. 우리나라에서는 중국처럼 일직선 축을 쓰지 않는다. 동선이 있고 이 안에서 각을 이루면서 어귀에 이르게 하는 것이다. 물론 길을 지나칠 수가 있기 때문에 솟을대문을 만들어 강조를 한다든가 양쪽 담장을 엇갈리게 시설해서 받아주는 공간을 만들기도 한다. 이런 기법은 일일이 열거하기 어려울 정도로 다양하다.

다음은 음악의 도입부에 해당하는 '이어가는(承) 공간'으로, 우리나라에서는 주로 담장이 이에 해당한다. 소쇄원처럼 한쪽 담장을 미끈하게 끌어가고 반대쪽은 숲처럼 거칠면서 부드러운 거품 같은 텍스처를 쓰거나 제주처럼 올레 고샅(마을의 좁은 골목길)을 쓰기도 한다. 이때 올레의 폭은 한발(사람의 키 높이)이며 담장의 높이도 같다. 폭이 넓어지면 담장도 높아지고 좁아지면 낮아져서 대략 골목의 폭과 담장의 높이를 같게 한다.

안국동 윤보선가 대문간과 말팡돌, 문화재청

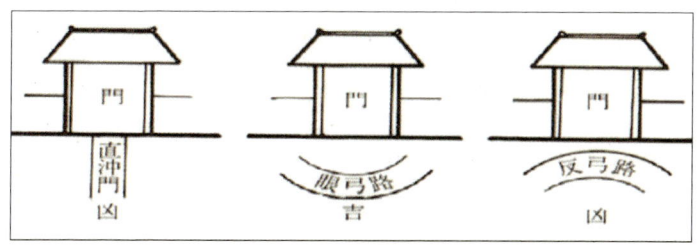
어귀에 이르는 각도에 따른 길흉

소쇄원 담장과 자연, 문화재청

어떤 경우에는 집의 벽체를 활용하기도 한다. 벽체의 둔한 느낌을 주기 위하여 창이 있더라도 작게 만들어 한쪽을 막으면서 출입자를 밀어준다. 그 대표적인 경우가 양산 통도사의 진입 부분이다. 일주문에서 불이문을 지나 대웅전으로 가다보면, 지세가 약한 왼쪽 개울을 건물에 등지게 앉혀 시선이 무겁게 차단되고 안쪽으로 밀어 넣어지는 느낌을 받을 수 있다.

통도사의 원래 입구는 개울을 따라 올라가다가 개울이

통도사 진입부 왼편에 늘어선 전각들, 성현경

들어져 돌아가는 곳, 즉 대웅전과 직교되는 축선 상에 있었는데, 지금은 동쪽에 멀찍이 일주문을 새로 만들어서 이쪽까지 먼 길을 들어와야 한다. 일주문에서 불이문까지가 도입부이고 불이문을 들어서는 순간은 절정 공간에 이르도록 계획되었다.

이외에도 바닥에 박석을 깔아 유도하는 방법도 흔히 쓰였다. 정(丁)자각이 있는 왕릉이 대표적인 경우인데, 앞에 홍살문을 세워서 이곳부터 경계가 된다는 것을 암시하고 있다. 대기석에서 출발하면 줄 맞춰 깔아놓은 박석을 따라 유도된다. 이 박석은 다듬지 않은 혹두기로 투박하다. 궁궐 정전 앞 박석은 빛이 반사되어 눈부실까 봐 혹두기로 하였지만, 여기서는 고개를 들지 말고 땅만 보고 조심스럽게 걸으라는 의미를 지닌다.

최근 지방의 서원, 향교, 사당 등에서는 자기 집의 가세를 자랑하기 위해서 박석을 다듬어 넓게 까는 경향이 있다. 하지만 경건한 선조님을 모시는 공간에 많은 사람들이 들어오면서 고개를 쳐드는 것은 물론이고 삼삼오오 시끄럽게 말을 하면서 들어오게 된다. 경건한 공간이 호텔 로비 같은 접객공간으로 변해버리고 마는 것이다. 예전에 혹두기 돌을 깔았던 이유가 선조를 만날 때 경건하게 고개를 숙인채로 겸손한 태도로 들어오기 위해서였다는 것을 다시 한 번 생각해 봐야 한다.

경복궁 근정전의 박석, 문화재청

건원릉 전경

⑨ 르 꼬르뷔지에도 우리의 전통공간계획을 알고 있었나?

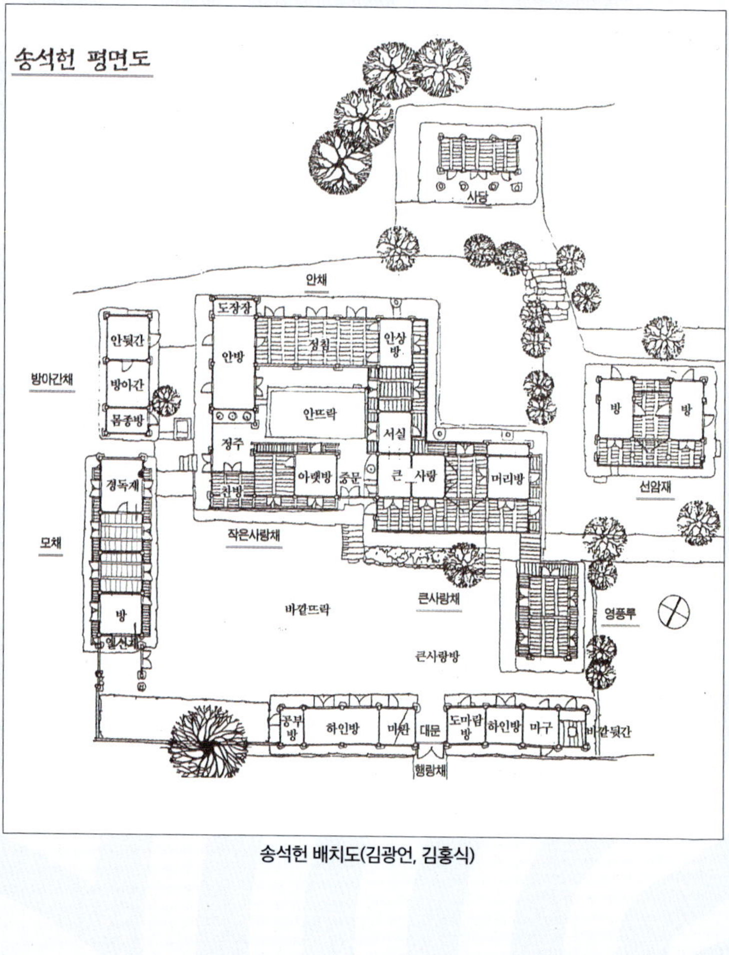

송석헌 배치도(김광언, 김홍식)

우리나라 양택론(집 보는 법)에는 여러 가지 이론들이 있는데 삼분(三分)법, 동서사택(東西四宅)론, 정동변화택(靜動變化宅)론, 층위(層位)법, 체상용(體相用)법, 음양론 등이 그것이다. 그런데 아이러니하게도 근대건축의 거장인 르 꼬르뷔지에가 설계한 빌라 사보아를 보면 위에서 열거한 이론들을 전부 수용하여 현대적으로 해석한 작품이라고 봐도

송석헌 전경, 문화재청

손색이 없을 정도이다. 그가 우리의 전통공간계획을 잘 알고 있었을까? 여기에서는 층위법과 삼분법에 대해 살펴보면서 르 꼬르뷔지에의 작품도 같이 분석해 보자.

우리의 한옥은 전면으로부터 여러 켜의 건물들을 마당을 사이에 두면서 가로로 배치하는 것이 전형적인 모습이다. 자세히 얘기하면 맨 앞에는

행랑채가 있고 여기에 있는 대문을 들어서면 사랑채가 높다랗게 가로막는다. 마당을 가로질러 몇 개의 계단을 오르면 사랑대청에 올라갈 수 있다. 그리고 다시 사랑채를 감아 돌거나 혹은 중문이 있는 경우 중문을 들어서면 봉당이 있고 이것을 가로질러 가면 안채 대청에 이를 수 있다. 안채 뒤에는 숲으로 둘러싸인 뒤란(뒤뜰)이란 공간이 있고 안채 머리방(건넌방) 옆에는 머리뜰이 설치되어 아담한 정원이 꾸며져 있다. 송석헌의 배치도를 보면서 위의 글을 다시 읽으면 머릿속에 정확한 그림을 그릴 수 있을 것이다.

그럼 르 꼬르뷔지에의 빌라 사보아를 살펴보자. 1층에는 차고와 방, 그리고 문이 배치되어 있는데, 우리 한옥의 행랑채와 대문에 상응하는 셈이다. 한옥의 행랑채는 외부에 폐쇄적인데 비해 빌라 사보아는 다소 개방적이다(물론 빌라 외부에 별도의 담장이 있다). 여기서 르 꼬르뷔지에가 '건축적 산책(Architectural Promenade)'이라고 말했던 가운데 비탈길(斜路)을 올라가 한 번 꺾어 2층으로 들어가면 한옥의 사랑채 개념인 넓게 탁 트인 응접실이 나온다.

이 응접실(사랑채)은 3칸으로 구성되어 있는데, 복판에 붙박이 난로가 있고 서쪽에 접객용 주방이 있다. 응접실(사랑채) 안쪽으로는 테라스(마당)가 있고 반대쪽 맞은편에는 역시 3칸 침실들(안채)이 배치되어 있다. 침실들(안채) 중 오른쪽의 부인용 개인실(머리방) 옆에는 조그맣고 예쁜 머리뜰이 갖춰져 있다. 테라스(마당)의 동쪽은 벽체가 개방되어 있으며 테라스(마당)의 정원으로 쓰이고 있고 테라스(마당)의 서쪽에는 이 빌라의 부대시설인 부엌과 욕실 등이 배치되어 있다. 이 같은 모양은 양택론

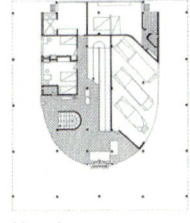  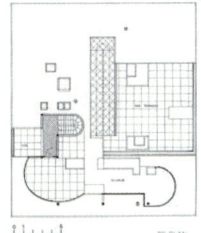

빌라 사보아의 평면과 2층으로 돌아 들어가면서의 전경

빌라 사보아 3층 옥상정원

에서 주장하는 배치 방식을 완전히 따르고 있는 것이다.

우리 한옥에서는 안채를 돌아가거나 안채에서 직접 뒤로 나가면 뒤란(뒤뜰)이라는 정원으로 나가게 된다. 뒤란은 나무가 우거져 있고 담장으로 외부의 시선이 차단된 곳이다. 여기에서 차를 마시거나 풍류를 즐기며 휴식을 취하였다. 마찬가지로 빌라 사보아의 2층에서 다시 가운데 비탈길을 오르면 옥상 정원에 이르게 된다.

어떤가? 르 꼬르뷔지에의 빌라 사보아의 평면도에서 보듯이 우리나라의 한옥의 배치 기법과 이론적으로 아주 유사하지 않은가? 다만 우리 한옥은 거의 수평에서 층위가 이루어지는 반면, 르 꼬르뷔지에는 이것을 적극적으로 상부로 올렸다는 사실만 다르다. 또한 그가 말하는 '건축적 산책'이란 개념도 앞에서 말한 양택론의 정동변화택(靜動變化宅)론과 비슷하다. 특히 건물의 외형을 네모나게 만들고 그 안에 자유로운 평면 계획을 추구하고자 하는 르 꼬르뷔지에의 건축 철학은 어쩌면 어떠한 경우라도 집은 똑바른 네모꼴이어야 한다는 우리나라 영남학파의 주리론 이론에 가깝다고 볼 수 있다.

이처럼 서양 건축에서 우리나라의 전통 공간이론을 훌

륭하게 계승한 사례도 있는 반면, 우리의 전통계획론인 상택(相宅)론을 완전히 뒤집은 사례 또한 있다.
서유구의 임원십육지에는 집을 짓는데 삼분(三分)법 이야기가 나온다. "집은 발굽(기단), 몸통, 머리(지붕)의 3등분으로 나누어지는데, 이 요소들끼리 서로 균형이 맞아야지 발굽(기단)이 너무 높으면 집에 양이 넘쳐서 백(魄)을 상하게 하고 지붕이 너무 크면 음이 넘쳐서 혼(魂)을 상하게 한다"고 적혀 있다. 발굽은 소나 말의 발굽처럼 무거워야 하고 지붕은 사람의 머리처럼 덮어져야 하며 몸통은 사람의 얼굴처럼 눈, 귀, 코가 있어 아기자기해야 한다고 하였다. 혼백이 상하면 질병이 들기 마련일 테고 몸짱은 근육이 울퉁불퉁해야 하지 두리뭉실해서는 안 된다는 말이다. 그런데 우리나라 건축을 자세히 들여다보면 발굽, 몸통, 지붕은 다시 각각 셋으로 나누어져서 그 안에 발굽, 몸통, 머리가 또 3분됨을 발견하게 된다.
예로, 우리나라에서 가장 유명한 부석사 무량수전을 살펴보자. 발굽(기단)에는 맨 밑에 지대석을 받치고 중간에 면석을, 그리고 상부에는 덮개돌인 갑석을 돌출시켜 두고 있다. 그럼 몸통은 어떤가? 역시 초석이 있고 기둥이 서고 기둥머리에 공포를 올려서 각각 3등분을 하고 있다. 가장 간결할 것 같은 지붕 역시 처마 끝

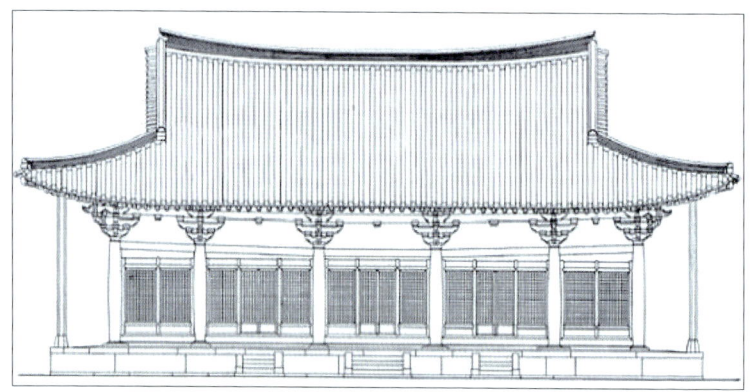

부석사 무량수전 정면도, 부석사 무량수전 실측조사 보고서, 문화재청, 2002

무량수전 내의 아미타불, 문화재청

의 막새기와와 지붕면의 골기와, 그리고 맨 끝의 장식적인 용마루로 구성되어 있다.

이것은 무량수전 안에 모셔진 아미타불의 형상을 그대로 형상화하고 있다. 발굽(기단)은 가부좌를 틀고 앉은 부처님의 다리이고 몸통은 그대로 몸통이며 지붕은 육계가 올라간 머리이다. 그러나 동양 미학에서는 기승요포서전결(起承腰鋪敍轉結) 7단계 율동으로써 그 중 잘록한 허리와 목을 강조한다. 발굽(기단)에서 몸통으로 이어질 때 쑥 줄어드는 것이 허리이며 처마가 튀어나온 것이 바로 목의 역할이다.

'시간 건축의 효시'라는 바로크 건축의 대표 격인 파리 오페라좌에서도 똑같은 현상을 볼 수 있다.

파리의 오페라좌

발굽은 무겁고 머리는 단순하며 몸통은 아기자기한데, 이것을 다시 3등분으로 나누어 대체적인 느낌은 간직하면서도 9등분하여 입면을 나누고 있다. 이러한 조형 이론은 비단 건축물 뿐 만이 아니라 공예품에서도 똑같이 적용되어 만들어진다고 볼 수 있다.

그런데 르 꼬르뷔지에는 이러한 우리의 전통 이론을 빌라 사보아에서 완전히 뒤집어서 실현하고 있다. 무거워야 할 발굽인 1층은 기둥만 세워서 띄워버리고 몸짱처럼 가벼워야 할 몸통인 2층은 가로로 긴 창을 두었지만 전체를 면으로 처리하면서 무거우며 지붕은 옥상정원을 두었는데, 조형적인 곡선 벽체를 두면서 그 면을 가볍게 처리하고 있다.

물론 빌라 사보아의 경우, 재료나 기술의 발전으로 방수 문제를 걱정하지 않아도 되었던 지붕, 하중으로부터 자유로울 수 있었던 철근 콘크리트 벽체의 도미노구법(1914~1920년대) 때문이긴 하지만, 어쨌든 우리 한옥의 미학에서 주장하던 3분법을 기본적으로 뒤집은 것은 틀림없는 사실이다.

그러나 그의 이러한 조형 원리도 자세히 들여다보면, 당시 이집트에서 발굴되어(1922년) 세상에 알려져 우리 조형예술계에 충격을 주었던 포유동물의 포효하는 모습을 형상화한 투탕카멘 고분의 사자 모양의 침대 모습을 연상시킨다. 다리는 가냘프게 떠 있고 몸통은 무겁게 가로로 놓여 있으며 그 위에 머리가 있지만 지붕이라고 보기보다는 장식에 불과하다.

투탕카멘 동물침대

빌라사보아 전경

우리나라 집도 고대에는 짧은 모서리에서 출입하였다.
지금은 많이 없지만 우리나라 옛 건축이
가졌던 다양한 조형 방식을 역사자료와 남아있는
집을 통해 살펴본다.

THREE 아름다움산책로 3
Promenade

다양한 아름다움들을 디자인하다.

짧은 모서리를 집의 정면으로 삼다.

가야시대 집 모양의 토기(4~5세기경), 호암미술관 홈페이지

우리는 밥상에 앉을 때 반드시 웃어른이 긴 변에 앉는데 서양에서는 짧은 모서리에 앉는다. 밥을 먹을 때 우리의 경우 반찬을 많이 늘어놓기 때문에 손이 잘 닿을 수 있는 긴 변 중앙에 중심인물이 자리하는 것이고 서양에서는 각자에게 앞 접시가 있어서 음식을 차례로 덜어 먹기 때문에

신라시대 집 모양의 토기(8세기), 국립경주박물관 도록.

모서리에 앉아야 좌중을 돌아 볼 수 있는 시각이 확보되기 때문이다. 하지만 옛 그림을 보면 우리의 옛 선조들도 많은 사람이 모여 식사를 할 때 각자 독상을 받기는 했지만 대체로 세로로 길게 배열해 앉아서 식사를 했다는 것을 볼 수 있다.

집도 마찬가지이다. 서양은 짧은 변을 정면으로 삼는 경우가 많다. 유명한 그리스 아테네에 있는 파르테논 신전도 진입로에서 가장 먼 곳에 출입구를 두면서까지 짧은 모서리를 정면으로 삼는다. 마당에서 바로 들어가면 동선도 짧아지고 편할텐데 말이다.

우리나라에 남아있는 전통가옥의 일반적 특징은 건물의 긴 변을 정면으로 삼고 있는 것이 많은데, 간혹 서양에서처럼 짧은 모서리로 진입하기도 하였다. 이런 경우는 대체로 고대 사회의 집들에서 볼 수 있다. 사진에서 보는 것처럼 가야시대 집 모양의 토기에는 출입구를 짧은 변인 박공 면에 두고 있음을 확인할 수 있다.

이런 방식은 신라시대까지 지속된다. 신라시대 집 모양의 토기 중에서도 짧은 변인 박공 면에 출입문을 낸 것들이 출토되었는데, 돌쩌귀까지 갖춘 판문을 단 것으로 보아 짧은 변을 통해 출입하는 것이 일반적으로 행해지고 있었음을 알 수 있다.

짧은 변으로 진입하는 집 가운데 지금까지 남아 있는 형태는 강원도 등지의 산간지대에 산재한 까치구멍집이다. 정면은 3칸인데 세로로는 3칸~4칸의 집으로 간잡이되었다. 이 방식은 일본, 영국 등에서 큰 길가의 주택에서 흔히 볼 수 있는데, 우리나라에서는 선사시대 집에서 흔히 활용하고 있었던 것이다.

까치구멍집은 집의 출입구(대문)쪽에 까치구멍(합각)을 두어 집안의 연기가 빠질 수 있도록 고려하여 만든 것인데, 집의 규모가 커질 때는 가로로 칸 수를 늘리는 것이 아니라 세로로 칸 수를 늘려가는 방식을 따르고 있다. 앞에서 설명한 가야시대나 신라시대 집 모양의 토기와 유사한 개념이라고 할 수 있다. 그리고 지붕의 방식에 따라 너와집 혹은 초가집인 경우도 있다.

봉화 설매리 초가집 까치구멍의 모습(좌), 문화재청
삼척 신리에 있는 까치구멍집(우)

부석사 범종루, 한울문화재 연구원

부석사 전경, 문화재청

한편, 사찰의 누마루집이 세로로 배치된 집은 우리나라에서는 몇 채 밖에 없는데, 그 대표적인 경우가 영주 부석사 무량수전 전면에 있는 범종각이다. 또한 무량수전 바로 앞의 안양루도 세로로 배치하였다.

범종각 밑은 열주가 두 줄로 서 있어서 깊이감과 공간감을 더해 준다. 만약 부석사에 범종각이 없었다면 무량수전만의 우아함은 반감되었을지도 모른다.

그러나 이 범종각을 건축한 시기는 무량수전은 물론이고 안양루 보다도 늦은 조선말기이다. 조선 말기의 건축가들도 무량수전이 지어진 고려시기의 건축가들 못지않게 공간을 보는 눈이 예사롭지 않았다는 것을 반증하고 있다.

지난 2005년 세상을 깜짝 놀라게 했던 화재 사건이 발생한 낙산사의 경우도 출입문(외대문)을 세로로 진입시킨 사찰이다. 산불로 인해 전소되었던 낙산사를 복원하기 위해 발굴했을 때, 낙산사지 전면에 전면 3칸, 측면 5칸의 세로로 긴 건물의 터가 발견되었다. 모두들 의아해 했다. 하지만 이 출입문은 사실주의 화가 김홍도의 화첩에도 그려져 있는 세로로 길게 뻗은 외삼문이다.

이 같은 누마루집은 서울의 봉은사에도 있었다. 지금은 변형되어 원형을 잘 알 수 없지만 일제시기 고적도보에 실린 사진을 보면 내삼문에 바로 붙은 다락집이 세로로 지어진 건물이다. 다시 한 번 느끼는 바이지만 우리나라 옛 건축의 디자인도 매우 다양한 조형언어를

김홍도 낙산사도(중앙에 세로로 긴 외삼문이 보인다.)
오른쪽 사진은 복원된 낙산사 빈일루, 문화재청

일제 강점기 봉은사 전경

강화 용흥궁 전경(사진 왼쪽 솟을 대문 있는 쪽이 내전이고 오른쪽이 사랑채이다.), 문화재청

안마당에서 본 용흥궁 중문간, 문화재청

구사했음을 알 수 있다.

강화도 강화읍에는 용흥궁이 있다. 조선 말 철종의 생가라고 알려진 이 곳은 생가라기보다는 사실 향수병에 시달리던 철종이 고향에 갑자기 돌아올 때를 대비해서 지은 집이다. 따라서 일반 집과는 다르게 사랑채가 뒤편에 배치되고 살림채가 아래쪽에 배치되어 있다.

재미있는 점은 솟을대문에서 살림채에 이르는 중문 사이의 배치와 형식이다. 문간채에서 살림채를 바라보면 단순히 오른쪽으로 꺾어진 문간채로 들어가 다시 왼편으로 돌아서 진입하는 것으로 보이지만, 안마당에서 보면 단지 집의 짧은 모서리인 합각부에 중문간이 있는 것으로 보인다.

세로로 길게 배치하다.

통도사 대웅전(사진에 보이는 면이 길다. 원래는 입구가 왼쪽이었다.), 문화재청

다음은 몸채가 세로로 길게 배치된 집들이다.

양산의 통도사 대웅전이 우리 옛 건축 가운데 세로로 길게 건축된 대표적인 집이다. 현재는 가로가 긴 면을 정면으로 삼은 듯 접근하고 있지만, 원래는 그와 직각 방향의 축선을 따라 대웅전 앞마당, 대웅전 그리고 부처님의 진신사리를 모셨다는 뒤쪽 금강계단이 일직선상으로 배치되어 있는 것이다.

통도사 대웅전은 임진왜란 때 불에 타서 17세기에 다시 지은 건물이지만, 고려 전기에 축조된 기단을 보면 원래의 평면대로 지어져 있다. 이러한 사실로 미루어 보아 주 전각을 세로로 짓는 공간 개념은 고려 때까지도 전수되었다는 것을 알 수 있다. 그러나 상단 신앙 이후 중단 신앙인 화엄계의 대적광전(대광명전)과 하단 신앙인 정토계의 극락전이 나란히 중첩해 놓여 졌고 조선조에 이르러서는 진입축이 세로축에서 가로축으로 바뀌어 대웅전도 가로로 놓인 것처럼 보이게 되었다.

통도사 대웅전 전경,
문화재청

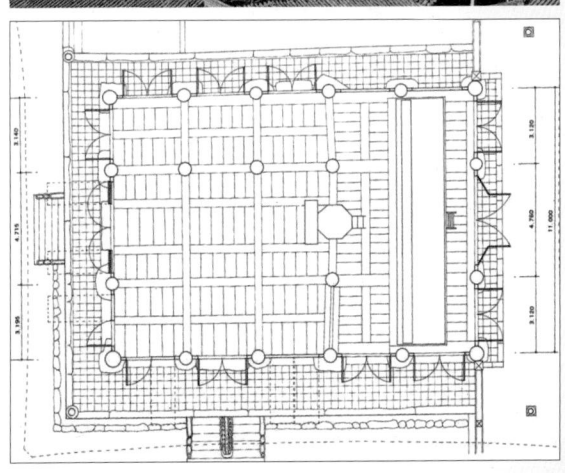

통도사 대웅전 평면도

통도사 대웅전과 그 앞 관음전(합각이 없는 쪽이 보완되어 보인다.), 성현경

금강계단 전경, 문화재청

이 때문에 대웅전은 세로축과 가로축을 동시에 받기 위해 지붕의 합각을 뒤쪽인 금강계단 쪽만 없이 3면에 설치하였다. 만일 세로축을 강조하지 않고 가로축만을 중시했다고 하면 대웅전 앞마당(남)쪽의 합각을 없앴어야 하는데 그렇게 하지 않았다. 하지만 한쪽에만(금강계단 쪽) 합각이 없으면 진입 축에서 볼 때 집이 비뚤어 보일 수 있기 때문에 그 부분을 살짝 가려막기 위해 집(관음전)을 하나 더 세웠다.

이 관음전은 조선 말기 건물인데, 아마 진입 축이 세로축에서 가로축으로 바뀌면서 이곳에 세운 것으로 추정된다. 대웅전 내부에는 양쪽(남쪽과 동쪽)의 진입을 허락하기 위해 삼면에 창호를 달았고 기둥도 하나 제거하면서 어느 쪽에서 들어오든 비뚤어진 느낌이 들지 않도록 고려하였다.

금강계단내 중앙에 서 있는 석등은 고려시대 때 제작된 것으로 추정된다. 이것이 현 대웅전의 지붕모습을 그대로

금강계단 석등의 지붕모양, 문화재청

모사하고 있는 점으로 미루어 볼 때, 임진왜란 이전 대웅전의 모습도 이와 유사했을 것이라고 본다. 앞에서 이야기한 바와 같이 진입축이 세로축에서 가로축으로 바뀌면서도 두 가지 축의 느낌들을 모두 수용하려고 시도한 독특한 사례라고 할 수 있다.

영주에 있는 소수서원은 우리나라 최초의 서원 건물이다. 대문은 최근에 복원된 것이지만 전면에 있는 명륜당(강학당)은 원래부터 있던 건물이다. 의심의 여지는 없지만 대문이 본래 있던 자리에 잘 복원된 것이 맞다면, 집의 짧은 면으로 진입하는 세로가 긴 건물의 몇 안 되는 집이다. 특이한 점은 명륜당 남쪽(배치도의 오른

소수서원 배치도(앞쪽 11번이 명륜당이다.)

소수서원 입구에서 본 명륜당(강학당), 문화재청

쪽)으로 큰 마당을 마련하여 마치 남향하는 건물처럼 만들었는데, 이는 건축연대가 후대로 오면서 건물은 남향해야 한다는 변화된 철학을 반영한 형식이라 할 수 있다. 이처럼 후대에 조성된 마당을 의식해서인지 이 서원의 진입축은 정 중앙이 아니라 약간 왼쪽으로 비껴 들어가도록 계획하였다.

서울의 동묘(왼쪽 벽이 전돌이다.), 문화재청

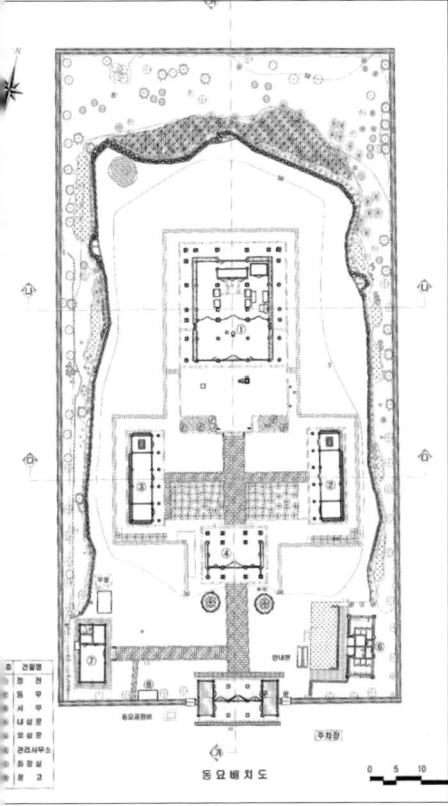

동묘 배치도

관왕묘로 알려진 동묘는 관우를 제사지내는 단묘로서 임진왜란 이후 축조된 건물인데 얼마 전까지만 해도 꽤 많은 신도들이 있었다. 세로로 긴 평면을 가진 건물이라서 상당히 큰데도 불구하고 앞부분에 가로로 2채의 건물을 겹쳐 배열함으로써 구조적 문제를 해결하고 있다. 이 평면 구성 방법은 중국의 영향을 받은 것이지만 한옥으로 이토록 큰 공간을 세로로 만들었다는 것은 매우 경이로운 사실이다.

화성성역의궤에 의하면 수원성을 쌓을 때 벽돌을 최초로 구웠다고 기록되어 있다. 그 벽돌이 여기에도 쓰인 걸 보면 순조 연간에 보수하면서 중수에 가까운 개조를 했다는 것을 추측할 수 있다(건물의 양식도 화성의 이궁과 흡사하다). 다른 궁궐 축조에도 벽돌이 많이 쓰였던 것을 보면 불과 몇 십 년 만에 이렇게 유행할 수 있었을까 하는 의구심이 들 정도이다. 이를 보더라도 19세기의 우리 선조들이 근대화를 위해 얼마나 부단히 움직였는가를 알 수 있다.

양주에 있는 회암사(여말선초에 축조) 역시 매우 혁신적인 사찰이었다. 최근에 발굴된 양주 회암사의 금당인 보광전은 평면이 동묘보다 더 복잡하게 보인다.

몸채가 중층으로 추정되는바 여기에 동묘처럼 회랑을 3면으로 둘러 붙이면 세로로 긴 네모꼴 평면이 된다. 앞에서 서서 보면 가로로 긴 집처럼 보이지만 실제로

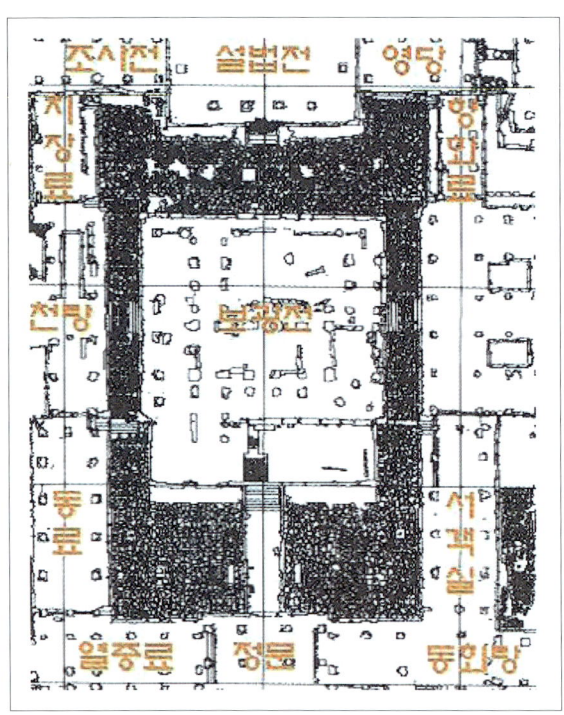

양주 회암사지 보광전 평면

내부는 세로로 깊이가 있는 건물이다.

성공회 강화성당은 노아의 방주처럼 높은 언덕 위에 배치되었다는 점에서 소수서원과 조금 다르지만 대체로 유사한 미학개념을 가지고 있다. 성체와 같은 높은 계단을 오르면 외삼문과 내삼문이 있고 다음에는 몸채인 성당이 세로로 길게 놓였으며 마지막 끝에는 침전에 해당하는 사제관이 배치되었다. 외삼문과 내삼문의 간격이 매우 좁아서 주리론적 공간감을 느낄 수 있으며 성당 남쪽으로 마당을 도입한 개념도 소수서원과 유사하다.

강화성당은 경복궁 재건에 참여하였던 목수가 직접 지었는데, 궁궐의 중층 건물을 본따서 세로로 길게 배치한 반면 장식적인 공포 등은 없앴다. 우리나라의 전통건축 양식에서는 측면인 경우만 간살이를 짝수로 하는 것을 허용하고 있다. 하지만 강화성당은 정면을 홀수 간살이로 하지 않고 짝수 간살이로 나누어서 한쪽은 남자, 다른 쪽은 여자의 출입구로 구분한 점이 특이하다. 내부공간도 중층의 정전 건물과 유사한데 장식적

강화성당 전경, 문화재청

강화성당 천정과 등, 문화재청

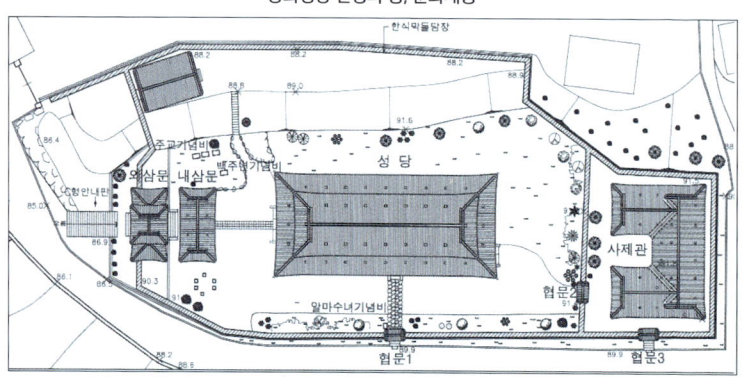

강화성당 배치도

요소만 서양식 성당 형식을 일부 차용하고 있다.

안성에 있는 구포성당은 1922년에 신축되었으므로 서양식 기술이 도입되어 지어진 것이지만, 개념은 서도동기(西道東器)라 할 수 있다. 즉 서양의 철학을 우리 식으로 해석하여 우리 손으로 교회를 세운 것이다.

이후 서양 선교사가 들어오면서 한옥건물 앞에 서양식 종탑을 세워 어색한 동거를 하는 듯 보이지만 한 눈에 우리 건축의 역사적 흐름을 볼 수 있는 장면이기도 하다. 서양 선교사들은 우리나라 각지에 세워진 한옥형식 교회를 보고 불편하기 짝이 없는 건물이라고 불평을 늘어놓았으나, 우리 민중들은 끊임없이 교회를 한옥형식으로 해석하면서 지었다.

안성 구포성당 배치도

현재의 구포성당 전경과 후면 한옥부, 문화재청

안성 구포성당 창건 당시

3 둥그런 지붕을 얹다 – 천원지방(天圓地方)

북경의 천단(완전 둥근집)

옛 고전에는 천원지방(天圓地方)이라는 말이 자주 나온다. 이 말은 하늘은 둥글고 땅은 네모지다는 옛 선조들의 우주관이고 이는 건축에서 지붕은 둥글고 평면은 네모나게 만드는 방식으로 형상화되었다. 심지어 둥근 기둥과 이를 받치는 네모꼴 초석도 이렇게 해석하곤 하는데, 이는

서울의 원구단(8각형 집), 문화재청

하늘의 둥근 원 운동의 운행과 피타고라스의 기하적 원리에 맞는 땅(지구)을 의미하기도 한다.

중국 북경의 천단은 하늘이 둥글다는 것을 형상화한 대표적인 예이다. 기와집에서 지붕을 둥글게 만들 경우 지붕 기와를 잇기가 매우 어렵다. 올라갈수록 지붕 골이 줄어들기 때문인데, 용마루를 없애면 그 줄어드는 골을 감출 수가 없고 그렇다고 둥근 지붕에 용마루가 있으면 지붕이 완전히 둥글어 보이지 않는다. 그래서 궁여지책으로 기와를 올라가면서 점점 작아지게 만들었는데, 이 방법도 지붕 꼭대기에 가면 모양새가 훨씬 안 좋아진다는 한계가 있었다.

결국 이 문제는 3중집을 만들어 해결하였다. 대표적인 것이 원구단인데, 우리나라의 천단인 원구단에 남아있는 집은 아예 8각형으로 만들어 이 같은 문제를 해결하였다. 하지만 그러다 보니 원구의 상징성은 떨어져 보인다.

반면, 창덕궁 후원에 있는 청의정은 이런 모순도 해결하고 있다. 다음 페이지의 평면도를 보면 바른 네모꼴로써 4개의 기둥만 세웠지만, 상부 지붕 서까래를 8각형으로 하고 지붕은 둥근 원으로 만들었다.

이렇게 하기 위해서는 네모꼴에서 바로 원 모양으로 만들지는 못하기 때문에 도리 위에 8각으로 웃도리를

창덕궁 청의정 전경

올리고 아랫도리 네모 귀에는 귀를 접어주는 산방낭(중도리가 곱은 도리)을 돌려서 서까래를 받쳤다. 네모꼴 집이지만 위아래에 8각형 도리를 돌려서 집을 둥글게 보이게 만드는 것이다.

지붕에는 짚으로 만든 이엉을 덮고 있는데, 기와지붕은 앞에서 설명하였듯이 여러 모순 때문에 이을 수가 없었다. 대신 짚 이엉은 추녀가 지붕 위로 돌출해 있으면 비가 새기 때문에 내림 마루 없이 둥글게 말아 덮어주는 방구매기 식(양쪽 추녀를 조금씩 잘라서 처맛기슭을 둥그스름하게 함)의 방법을 쓰는 것이 좋다.

청의정은 지붕 하중이 작아서 그런지 기둥이 가늘고 훤칠하다. 이것은 근세 분수(分數)인 것이다. 우리의 옛 건축에도 분수를 분류하고 있는데, 조선 성종 이전까지의 고전적 분수와 그 이후부터 19세기 중반까지의 장식적 분수, 그리고 19세기 중반 이후의 근세 분수 등 세 가지 정도로 구분하고 있다.

분수는 민족적 정서를 가지고 있기 때문에 대단히 중요한 요소인데, 일본의 목할(木割)이나 중국의 영조법식(營造法式)과 달리 우리나라에는 뚜렷한 문헌적 근거가 없다. 어쩌면 우리 민족의 정서상 규격화를 싫어했기 때문이기도 할 것이다. 하지만 우리가 한옥을 보면서 기둥이 가늘다든가 굵다고 평가하는 것을 보면, 정확한 숫자풀이에 의한 분수는 아니지만 마음속에는 나름의 분수를 가지고 있음을 알 수 있다.

이것이 시대에 따라서 또는 집의 격식(格式)에 따라서 달라지고 있음을 볼 수 있다. 선조들이 쓴 의궤서(공사보고서)들을 보면 자세하게 언급되어 있지는 않지만 분수에 대한 조항이 있어서 나름대로 어떤 기본 모듈(치수)을 가지고 있었다는 것은 짐작할 수 있다.

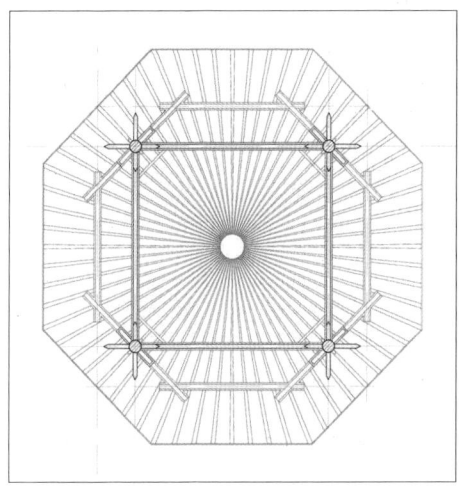

청의정의 지붕 평면도

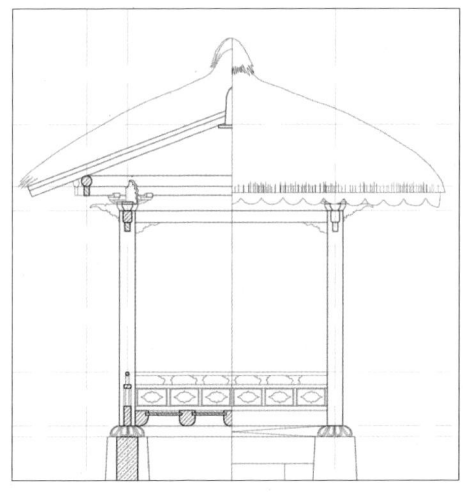

청의정의 입단면도

요즘도 한옥을 설계하거나 신축할 때 분수를 지키지 않으면 그 집은 한옥이 아니라고 말한다.

명쾌하게 숫자로 풀어놓지 못하고 각자 가슴 속에만 간직하고 있는 논리로 남의 작품을 평가하니 어쩌면 비과학적이며 주관적인 견해에 불과하다고 비판받을 수도 있으나 예로부터 있어왔던 분수를 모른체할 수도 없지 않겠는가?

4 하늘을 나는 경쾌함 – 순천 선암사 강선루

계곡 측에서 바라본 강선루(降仙樓) 전경
(개울에 물이 차면 다락집은 물 위에 떠 있는 느낌을 준다.)

한국건축의 특징을 한마디로 꼽는다면 경쾌함이다. 벽체의 막힘이 없이 몇 개의 기둥만으로 무거운 지붕을 들어 올려서 처마 밑으로 구름이 지나가게 한다. 얼마나 환상적인가?

이렇게 집을 하늘에 띄운 대표적인 건물이 선암사 입구의 강선루이다. 정면 3칸, 측면 2칸의 다락집이 한 길 이상 개울 위에 떠 있는 것이다. 다락을 높이 띄우기 위해 이를 4개의 귀기둥만 이용해 최소한으로 받쳐 세웠다. 사실 이것으로는 부족해서 작은 샛기둥들을 몇 개 더 받쳐 세웠지만, 기둥 열을 상부 2층의 기둥과 맞추지 않았을 뿐 아니라 그 간격도 자유롭게 비대칭적으로 세워서 기둥의 무거움을 느끼지 않게 하였다. 하지만 1984년 중수할 때 원래 똑바로 서 있지 않던 이 샛기둥들을 건물이 낡아서 그렇게 된 것으로 오해하고 안타깝게도 똑바로 고쳐 세웠다.

현대건축에서의 좋은 예를 들어보자. 세계적인 건축가인 렘 콜하스의 주택 설계(빌라 달라바, 프랑스 파리)를 보면 '바람 부는 숲'이라는 이름으로 가느다란 기둥들이 자유롭고 비뚤게 서 있다. 이렇게 함으로써 기둥이 원래 기능인 힘을 받는 것으로부터 해방되어 2층 건물이 지상으로부터 떠 있어 보이는데, 이런 기법을 우리 선조들은 이미 사용하였던 것이다. 존경스러울 뿐이다.

렘 콜하스의 Villa Dall'Ava

또한 기둥이 지면에서 떨어져 있는 느낌을 극대화하기 위해 높은 초석으로 받쳤는데, 그것도 높이나 형태를 들쭉날쭉 자유롭게 만들고 있다. 이것을 요즘 사람들은 당시의 설계자가 능력이 부족하거나 경제력이 미약해서 대충 만든 것으로 오인하고 있는데, 전혀 그렇지 않고 오히려 미학적으로 훨씬 돋보이는 뛰어난 디자인이다.

강선루는 정면에서 볼 때, 왼 켠 앞쪽 귀기둥의 크고 네모진 초석 하나가 개울에 다리발을 내밀고 있다. 여름이면 홍수에 떠밀려서 집이 자주 무너지는데도 굳이 다리발을 개울 속에 넣고 있는 것이다.

또 압권인 것은 선암사를 들어가면서 무지개다리(홍예교)인 상하 2개의

강선루 전경

강선루 주초석 상세

승선교와 강선루, 공유마당(김영춘)

승선교(昇仙橋)를 S자로 지나는데(지금은 길을 별도로 개설해서 건너지 않아도 된다) 바로 아래에 있는 승선교 밑을 무지개(아치) 사이로 수면에 비친 강선루를 거꾸로 볼 수 있도록 계획된 점이다. 상상을 해 본다. 아침 물안개가 자욱이 내려앉았을 때 목욕을 마친 신선이 다리를 건너 오르면 하늘에서 구름 위로 선녀를 내려주듯 다락집이 떠내려 온다. 환상적인 풍경이 따로 없다.

승선교는 숙종 33년(1707년)에, 강선루는 1929년에 창건했다고 전하는데, 여기에 놓인 평석교 다리(1925년)와 주초 몇 개는 이때의 기법으로 보이지만 전체적으로는 이보다 약간 앞선 19세기 후반의 작품이 아닐까 추정해 본다.

이런 기법은 경복궁의 경회루에서도 볼 수 있는데, 경회루는 1층 바깥기둥을 네모진 높은 주초로 받치고 있다. 강선루에서처럼 다리발을 개울에 박고 있는 것은 다락집이 물 위를 떠가고 있다는 느낌을 주기 위한 것이고 지면에서 높게 올린 주초를 네모지게 만든 것은 기둥의 높이가 너무 껑충 뛰어 보이지 않도록 시각적으로 낮게 보이게 하기 위함이다. 다만 아쉬운 것은 주초석 모접기를 너무 일본식 기법으로 마감했다는 것이다. 계단은 오른쪽 모서리에 설치되어 잘 보이지 않도록 디자인되었는데, 요즘 아파트나 빌딩의 계단실이 혹을 붙인 것처럼 무거워 보이는 것과 대조되어 보인다.

영산만년교(정비후)

5 다리를 물에 시원하게 담그다 – 수각(水閣)

창덕궁 부용정과 주합루, 문화재청

예전에 프랑스 파리의 세느강변에 재무성 현상설계가 나왔다. 조건은 절대 세느강까지 건물이 나오거나 기둥을 놓아서는 안 된다는 것이었다. 그러나 당선작은 건물이 옆으로 길게 늘어서서 강가 도로를 건너 세느강에 기둥을 세우고 걸쳐진 것이었다. 그래서 당시 건축가들 사이에서는 파리에서 현상에 당선되려면 설계 조건을 어겨야 된다는 농담까지 유행할 정도였다. 사람들은 건물의 기둥 굽이 물속에 담겨 있으면 자신의 발을 물에 담그고 있는 것처럼 시원한 느낌을 받는다. 우리말에서도 다리의 다리발과 사람의 다리를 혼용해 쓰고 있지 않은가?

우리나라의 정자는 산 위 바람골에 짓거나 개울가의 작은 숲 속에 짓는다. 나무 그늘에 가려지기도 하거니와 흐르는 물이 있으면 물이 증발하면서 온도를 앗아가기 때문에 주변보다 훨씬 시원하기 때문이다. 개울물이 작아져서 도랑물이 되면 아예 도랑 위에 정자를 지어서 냉방 효과를 극대화하기도 하였

창덕궁 연경당 행랑채 아래로 돌아나오는 물길

도랑 위에 지은 마을정자, 한국의 민가, 김홍식

다. 여항(백성들의 살림집이 많이 모여 있는 곳)의 사대부 집을 모방해 지었다는 창덕궁 연경당에서도 도랑물을 집안으로 끌어들여 마루 밑창을 흐르게 함으로써 시원한 공간을 만들고 이곳에 한 여름 먹을거리를 보관하기도 하였다.

집 앞에 흐르는 물이 없거나 적으면 연못을 만들어서 주변을 시원하게 만들고 온도 차에 의해 발생하는 바람을 일으켜 시원하게 했다. 연못물은 흐르지 않아 덜 시원하기 때문에 정자를 반쯤 물속에 걸터 앉혔다. 건

창덕궁 부용정, 문화재청

물 전체를 물위로 걸치는 경우는 보기 힘든데, 이는 실제의 냉방 효과보다는 시각적 효과를 더 고려했기 때문일 것이다. 무더운 여름 개울가에 앉아 두 바짓단을 걷고 다리만 물속에 담그는 것이, 그리고 엎드려서 찬물을 부으며 등목을 하는 것이 목욕하는 것보다 시원하게 느껴지는 이치와 비슷하다. 정자의 다리발은 썩지 말라고 주로 흰색 화강암으로 세웠는데, 시각적으로는 바짓단을 올려 물에 담근 속살을 드러낸 우리의 다리 모습과 흡사하다고 하겠다.

강릉 선교장 활래정, 공유마당(조승래)

6 다리 위에서 낭만을 품다 – 경주 월정교

중국 호남성 보수교 전경, 한국전통문화학교, 월정교 복원 기본계획, 2006

옛날이나 지금이나 개울물이 흘러가는 다리 밑은 아름답다. 특히 보름달이 뜬 날 다리를 거닌다는 것은 참으로 낭만적인 일일 것이다. 더구나 다리 위에 누각이 있다면 금상첨화이다.

서양에서 다리 위에 집을 지어 다리의 분위기를 한층 높이듯이 동양도 마찬가지로 집을 올려 낭만적 분위기를 북돋았다. 중국에는 이런 집들이 많이 남아 있다. 호남성 통도현 보수교를 보면, 교각(다리발) 위에 높은 탑 모양의 누각을 지어서 장식을 하고 나머지는 맞걸이(3량)집을 회랑처럼 길게 늘어 세웠다. 이렇게 한 것은 원래 다리의 목조 상판이나 보를 보호하기 위한 시설이었음을 짐작케 하는 부분이다. 일본의 경우도 마찬가지로, 구주 대분현 우좌신궁 앞의 오교(吳橋)는 썩기 쉬운 다리발은 돌로 가공하였지만 그 위에 얹어지는 다리보와 상판은 나무로 만들

일본 구주 대분현 우좌신궁 앞 오교 전경, 한국전통문화학교, 월정교 복원 기본계획, 2006

었고 이것이 비바람에 맞는 것을 막기 위해 다리 위에 집을 지었다. 이것이 형식화되어 누마루집처럼 아름답게 정형화된 것이다.
한편, 우리나라에 유일하게 남아 있는 다리 위의 건물은 순천 송광사 어귀의 우화각으로, 이것은 무지개(아치)형 돌다리 위에 세워졌는데 다리의 목조 상판에 비가 들이치는 것을 막는 원래의 기능이 아니라 순수하게 아름다움을 위해 지어졌다. 그러나 조적식 돌다리임에도 불구하고

상부에 멍에돌을 걸치고 귀틀돌을 올린 걸로 보아 그 원류는 목조의 방식에서 온 것임을 암시하는 구조물이다.

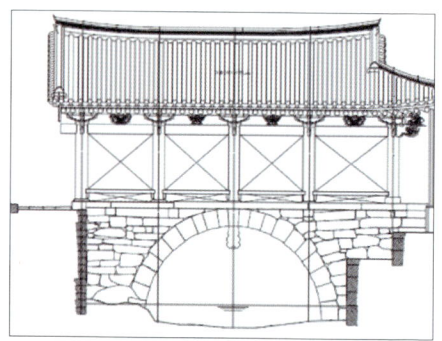
송광사 우화각의 측면도, 문화재청

길이가 4칸이고 너비는 1칸인 우화각은 바깥쪽 정면(짧은변)은 합각지붕으로 만들어 정면을 차분하고 얌전하게 정리한 반면, 도면에서 보듯이 안쪽은 박공으로 잘라내서 내부의 개방감을 틔워주고 있다. 아마도 우리나라에서 가장 아름다운 도입부의 조형물일 것이다. 경주에 있는 월정교가 복원되었다. 월정교는 고려 명종 때(12세기 후반)의 김극기의 시에 나와 있듯이, 충렬왕 6년(1280)에 중수했다는 기록을 보면 고려 중기까

송광사 우화각 안쪽에서 본 광경, 문화재청

송광사 어귀 삼청각과 우화각 전경, 문화재청

지는 사용했던 다리이다. 이후 1985~87년에 발굴을 통해서 다수의 목재 부재와 기와 와당이 발견되었는데, 이를 미루어 볼 때 이 다리가 우리나라 초기의 집이 있는 목조 다리였음을 짐작할 수 있다.

월정교 발굴 전경, 문화재청

월정교 복원 조감도

내민보식 돌다리를 걷다 – 경희궁 금천교

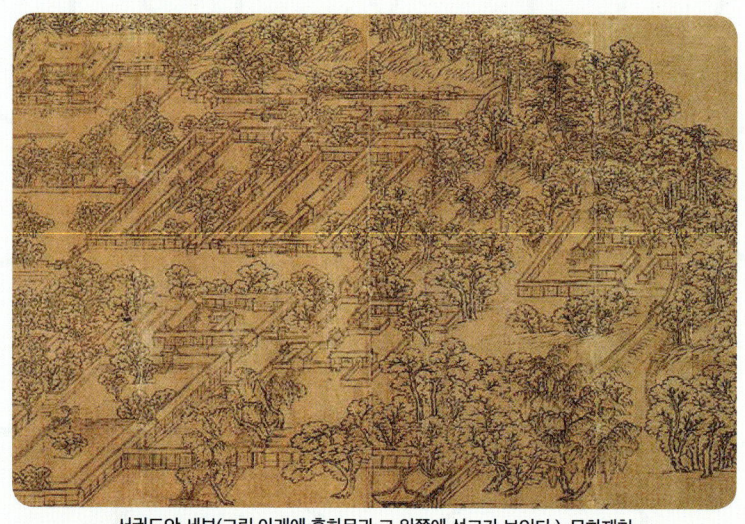
서궐도안 세부(그림 아래에 홍화문과 그 왼쪽에 석교가 보인다.), 문화재청

경희궁 금천교는 정문인 홍화문 바로 안쪽에 있었던 무지개식 돌다리이다. 여기에는 발굴 전까지 '용비천(龍飛泉)'이라는 우물이 있었는데, 석축을 쌓은 기법이라든가 좌에서 우로 쓰인 '용비천'이라는 글씨를 보고 이것이 일제에 의해 변형된 구조물일 것이라고 추측했었다.

서궐도안에 그려진 금천교도 이 근처에 있을 것이라고는 추정하였으나, 이 돌다리가 하수구와 연결되어 땅 속에 묻혀 있었으므로 그 구조 형태나 존재 여부를 미리 알 수는 없었다. 다만 그림대로 무지개 석교일 것이라고 추측할 뿐이었다.

1998년의 발굴 현장에 필자도 참석하였는데 매우 어려운 작업이었던 것으로 기억된다. 금천교 주변의 맨홀을 과감히 뜯어내고 다리 측면의 흙과 석축을 제거했다. 그러자 비록 다리의 발굽이 하수도의 오염된 진흙에 묻혀 있었지만 아주 멋진 쌍안교 특유의 무지개 모습이 드러났다. 내친김에 상판에 붙은 포장재를 모두 벗겨냈지만 다리의 북쪽은 일제 때 이미 토지 불하를 해서 이웃 사유지와 경계를 이루고 있어서 그쪽으로는 발굴할 수 없었고 다리 밑으로 기어들어가서 아래를 살피는 것 또한 하수구의 낮은 높이차와 뿜어져 나오는 가스 때문에 포기를 하고 결국 위쪽의 상판을 모두 들어내기로 했다.

발굴 당시 다리 상부에는 긴 장대석이 나란히 빗살처럼 가로로 놓여 있었는데, 왜 튼튼한 아치 구조 위에 별 필요도 없는 긴 판석을 또 깔았는지 의문이 들었다. 그래서 약간 의아한 느낌으로 판석을 들어 올리는데 다리가 갑자기 무너지기 시작하였다. 모든 작업을 중단하고 판석을 다시 내려놓은 뒤 곰곰이 그 이유를 살펴보았다. 그 이유를 알고 나서는 무

발굴 당시 용비천

발굴당시 금천교 상부석

릎을 탁 쳤다. 이 기다란 장대석은 아치 구조 위에 덧놓여진 것이 아니라 무지개 다리발을 양쪽에서 조금씩 내밀며 쌓아 올리다가 다리발이 어느 정도 내밀어지면 그 사이에 하나의 장대석으로 걸쳐 놓은 내민보형식의 구조물이었던 것이다. 이 장대석의 양 옆의 겉 둘레에만 정식으로 아치 구조를 만들어서 마치 다리 전체가 아치구조인 것처럼 보이게 했는데, 이는 다리의 우아함을 보여주기 위한 것이기도 하고 내민보가 가지고 있는 측면의 구조적 약점을 보완하는 의미도 있다.

이렇게 내미는 길이는 전체 간 사이의 1/4 정도 내밀기 때문에 4분작이라고 부르기도 한다. 이는 우리나라의 돌 쌓기에서 가장 많이 쓰였던 방식으로, 삼국시기 혹은 통일신라시기의 거의 모든 돌방무덤(혹은 석곽 무덤)

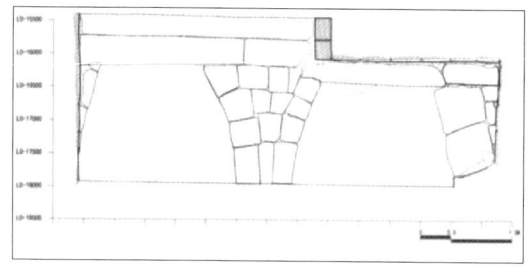

금천교 아치구조와 장대석 입면도

의 구조체는 모두 이런 방식을 사용하였다. 불국사 석굴암의 구조도 기본적으로는 이 구법으로, 그것의 형태가 궁륭(아치형 곡면구조)이고 잘 다듬어졌다는 것만 조금 다를 뿐이다.

이러한 내민보 방식은 압축력과 인장력을 동시에 받을 수 있는 나무나 철 같은 재료로 된 구조에서는 유리하지만 인장력이 거의 없는 돌 구조에서는 불리하다. 석굴암 천정 연화문 덮개돌이 깨져 있는 것도 이 같은 이유 때문이다. 상부에서 오랜 시간 동안 하중이 가해지는 경우 취약점이 있기 때문인데, 이런 연유로 우리나라 거의 대부분의 석곽 무덤이 무너져 내렸다. 결국 수레가 많이 왕래하던 18세기 이후로는 내민보 방식이 아닌 통째로 아치 구조인 무지개다리가 사방에 많이 놓이게 되었다. 이런 내민보 방식은 목구조에 흔히 적용되는데, 종도리를 대공에서 모서리 쪽으로 내밀고 여기에 두 귀의 추녀를 걸치는 방식이다. 추녀는 45도로 걸쳐지기 때문에 걸친 점은 양 변의 반이 되고 내민 길이는 이것의 반 혹은 1/3정도가 되게 한다. 이런 것들을 볼 때 우리 선조들이 상당히 진보된 구조 개념을 가지고 있었음을 알 수 있다.

복원된 용비천, 문화재청

복원된 금천교

8. 옛날 수세식 뒷간은 어떠했을까? - 창덕궁 측간(厠間)

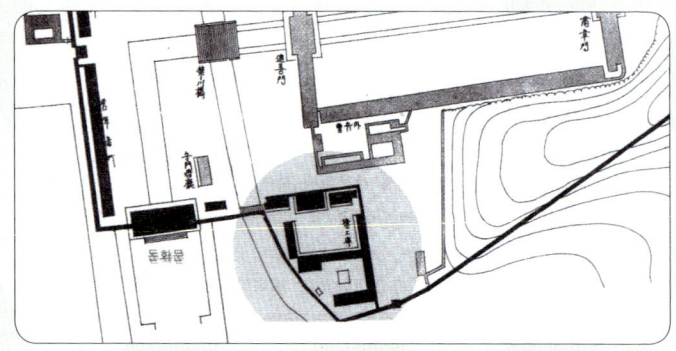

조선고적도보 창덕궁 배치도(돈화문 옆에 상방이 보인다.)

조선고적도보(돈화문 옆에 상방이 없어진 후)

2002년, 창덕궁의 상방(尙房) 터가 발굴되었다(명지대 부설 한국건축문화연구소, 창덕궁 상방지 유구조사 보고서, 문화재청, 2002). 상방(尙房)

은 왕의 의복과 궁내의 보화, 금은 장식품을 관장하던 곳으로, 창덕궁의 정문인 돈화문 동쪽 앞의 궁장(宮墻, 궁궐의 담벽)에 붙어 배치되었다. 이 건물은 1920년에 발간된 조선고적도보에 없어지기 이전과 이후가 도면으로 잘 표현되어 있어서, 1915년에서 1920년 사이에 없어졌음을 알 수 있다. 또한 1907년 직후 융희년간 즈음에 작성된 것으로 추정되는 동궐도형(東闕圖形)에는 건물의 배치도가 단선이지만 자세하게 나타나 있어서 우리가 발굴한 유구가 바로 이 시대에도 건물로 존재했음을 알 수 있었다.

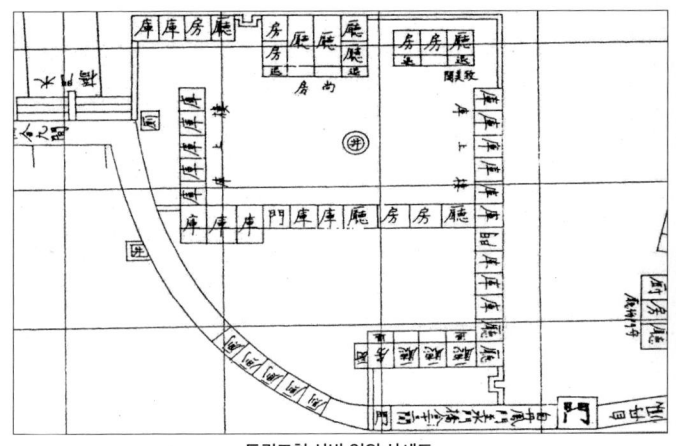

동궐도형 상방 일원 상세도

중심 건물인 중앙 위쪽 건물에는 상방(尙房)이라고 적혀 있고 동쪽 건물에는 치미각(致美閣)이라고 쓰여 있다. 또한 마당에 우물이 있고 동서 행랑에는 루상고(樓上庫)라고 기록되어 있는 것을 보면 이 건물이 누각 건물이었음을 짐작할 수 있다.

동궐도형을 자세히 보면 일반 내부 담장은 두 선으로 표시하면서 궁장(宮牆)은 단선으로 표시하고 있다. 그런데 발굴 도면을 보니 모든 건물이 이 동궐도형과 맞아 떨어지는데, 앞쪽(수문교 오른쪽 바로 옆)에 표시된 측간(厠間)이 보이지 않는다. 뒷간이 궁궐의 궁장 안에 있어서 찾지 못하는 것일까?

궁장을 따라 바깥 쪽은 해자인데, 이 물줄기는 창덕궁 안을 흘러서 금천교와 궁장 안의 수문교(水門橋)를 지나 궁장 밖의 해자로 연결되어 있다. 돈화문으로부터 수문교까지 합 9칸이고 오른쪽 하단의 단봉문으로부터 수문교까지는 합 22칸이라고 기록되어 있다. 결국 궁장 밖에는 해자가 흐르고 뒷간은 그 위에 설치한 것이다.

1826년(순조 26년) 전후로 그려진 동궐도에는 동궐도형과는 전체적으로 비슷하지만 조금씩 다른 형태의 상의원(尙衣院, 임금의 의복이나 대궐 안의 재물과 보물 따위를 관리하고 공급하는 일을 맡아보던 관청) 건물이 표현되어 있는데, 여기에는 뒷간 건물이 어떻게 배치되었는지 확실히 그려져 있다.

해자가 상당히 넓어서 전체적으로 건물을 걸치지 않고 평방(平枋, 공포나 화반(花盤) 따위를 받치려고 올려놓은 널찍하고 두꺼운 가로재)을 매 간마다 밖으로 내밀

동궐도 중 상방 일원과 궁장을 따라 흐르는 해자

고 그 위에 뒷간을 설치하였다. 안쪽에는 내부 담장을 둘러쳤는데, 이것은 내부 공간과 뒷간 공간을 구분하는 차단벽이자 내민 평방을 - 밖에서 받쳐 주는 기둥이 없으므로 - 안쪽에서 눌러 고정시켜주는 역할 또한 하였다.

집에서 뒷간은 그 위치나 구조가 매우 중요하다. 오죽했으면 "처갓집과 뒷간은 멀리 있으면 좋다"라는 말까지 나왔을까! 또한 남녀에 따라 뒷간의 구조가 달랐는데, 이렇게 안팎의 뒷간을 따로 마련했던 것은 유교의 윤리적 규정 뿐 만이 아니라 사람의 구조도 전혀 달랐기 때문이다. 문제는 오물처리 방법이었는데, 예전에는 사람이 많지 않아서 수세식으로 처리해도 오염 문제를 걱정하지 않아도 된다고 생각했던 모양이다. 그러나 서울은 청계천으로 흘러온 하수물의 오염 때문에 여러 가지 심각한 문제가 발생하여 조정에서 이에 관하여 자주 논의하였다고 왕조실록에 기록되어 있다.

우리가 알고 있는 우리나라 최초의 수세식 변기는 불국사의 판석으로 만든 변기인데(나의 문화유산 답사기, 유홍준) 광돌(돌판)만 남아 있다. 그런데 최근 동궁터에서 수세식 화장실이 발굴되어 그 온전한 모습을 보게 되었다.

신라시대 불국사의 변기 유구, 문화재청

경주 동궁에서 발굴된 수세식 화장실, 문화재청

9 창문에 창호지를 붙이기 시작하다.

거돈사지 원공국사 승묘탑에 새겨진 문과 살창,
한국의 미-석등 부도 비, 정영호, 1983

전통 한식 창문종이는 참으로 우수한 재료이다. 은은한 햇볕이 방안을 밝히면서도 단열과 통풍도 잘 된다. 한 칸의 좁은 방에 부부가 잔다고 가정했을 경우 유리 창문은 보통 시간당 2회 정도 통풍이 되는 데에 비해,

한옥은 시간당 10회 이상 통풍이 되어 훨씬 쾌적하다고 한다. 이처럼 여러 가지 면에서 한식 문종이가 얼마나 우수한 재료인가를 알 수 있다.

그렇다면 한식 문종이는 언제부터 우리나라 건축에서 사용되었을까? 10세기 이전의 건축물은 아직 우리나라에서 발견되지 않고 있으나 당시의 탑이나 부도에 그려진 것으로 보면 창은 살창이고 문은 판장문(널빤지로 만들어 달아 놓은 문)이다.

이 외에도 고구려 벽화에서 볼 수 있듯이 휘장을 쳐서 창문과 벽을 대신하기도 하였다. 이런 휘장은 고려 시대 때 와서는 그 화려함이 극에 달하

고구려 고분 벽화에서 보이는 휘장 (안악3호)

였는데, 그 모습은 법천사지 지광국사 현묘탑에 잘 나타나 있다.

지금도 현존하는 이와 유사한 시설은 종묘 영령전의 문 앞 휘장이다. 이러한 장치는 지금도 각 능묘의 정(丁)자각 정문 위에 흔적을 남기고 있

법천사지 지광국사 현묘탑의 휘장 문양, 문화재청

종묘 영령전 문 앞에 설치된 휘장(말아서 올려져 있음.), 문화재청

어서 조선말까지 흔히 쓰였던 방식이라고 추정한다. 민가에서는 헛간이나 부엌 등의 반 개방된 공간에서 이와 유사한 방식들이 자주 쓰였다.

그렇다면 종이를 붙인 창문은 언제부터 등장하였을까? 우리나라에는 몇 채의 고려 말 건축물이 남아 있는데, 대표적인 것이 부석사 무량수전과 수덕사 대웅전이다. 전자는 1376년에 중수하였고 후자는 1308년에 건립되었다. 이 두 건물 모두 전면 창문에 종이를 바르고 있다. 그런데 이보다 약간 앞선 시기의 건물인 봉정사 극락전은 현재 복판의 판문과 양쪽의 살창으로 되어 있다. 이것은 원래 있던 조선 후기의 4(짝)분합문이 조사결과 원형이 아니라고 판단되어 뜯어내고 벽선에 나 있던 구멍에 맞춰 추정 복원한 것이다.

이보다 약간 늦은 조선 초기 건물로 여겨지는 부석사 조사당, 은해사 거조암 영산전, 해인사 장경판전은 모두 살창인데, 조사당과 거조암 영산전은 복판 문만 문종이를 바르고 있고 장경판고의 문들은 고식 판문을 달고 있다.

장경판고는 기능상 상하에 2중의 살창을 두는 것이 합리적이므로 그럴 수도 있다고도 할 수 있지만, 후대의 영산전과 조사당은 모두 종이를 붙인 문으로 바뀌고 있으므로 이러한 살창의 사례들은 모두 과도기적인 형

부석사 무량수전, 문화재청

수덕사 대웅전, 문화재청

태라고 볼 수 있을 것이다.

결론 지어 말하자면, 우리나라 건축물의 창문에 창호지를 붙이기 시작한 것은 14세기 전후이었으나 15세기까지는 살창이 주류였으며 문은 복판에 주로 판문을 설치하였다.

이러한 연대기적 흐름으로 볼 때, 지금까지 남아 있는 창호지문 중 부석사 무량수전의 것이 가장 오래된 것이라고 볼 수 있다. 수덕사 대웅전의 창문은 양식이 오래되었다고 해도 일제 시대 때 고쳤기 때문에 원래 모습이라고 보기는 어렵다.

창호에 문창호지를 붙이게 되면서 문이 가벼워졌고 차

봉정사 극락전의 판문(떼어 놓은 상태)과 양쪽 살창, 문화재청

츰 문, 창호 모두를 들어 걸 수 있는 분합문으로 발전해 갔다. 이것은 모두 닥나무로 만든 값싼 종이의 보급이 가져온 결과인데, 이로 인해 12세기에 많은 책들이 발간되었고 14세기에는 이것이 창문에까지 쓰이면서

해인사 장경판전, 문화재청

들어올려진 분합문

사람들의 생활을 훨씬 풍족하게 만들었다. 14세기 전후 우리나라의 과학 수준은 전 세계와 비교할 때 중국, 아라비아와 함께 선진국 대열에 있었다고 자부해도 될 정도이다.

거조암 영산전, 문화재청

10 조선시대는 창호가 어떻게 발전했을까?

서울 문묘 대성전, 문화재청

앞에서 고려 시대 말 14세기에 종이를 바른 창문이 등장했다고 설명하였다. 이 시기는 정치, 경제적으로 급변하는 사회였는데, 가장 중요한 변화가 두 끼만 먹던 고려인들이 세 끼를 먹기 시작한 것이다. 이들은 밭에 비료를 주는 법을 알게 되었고 이로 인해 농업 생산량이 급격히 늘어나게 되었고 의약이 발달하면서 모두들 이전보다 장수하게 되었다. 이렇게 너도나도 잘 먹고 잘 살게 되자 자식들 교육에 열을 올리게 되는데,

이런 교육을 받아서 자란 이들이 후에 성리학에 매달려 조선조를 개국하기에 이른다. 인성 교육을 건국이념으로 삼은 이들은 제일 먼저 전국에 걸쳐 향교를 지었다.

우리나라에 현재까지 남아 있는 창호의 오래된 형식을 향교 대성전에서 볼 수 있다. 이런 건물이 많지는 않지만, 당시 학자들이 예제(禮制)를 중요시했으므로 조선 초의 오래된 형식을 그대로 간직해 왔기 때문이다.

제주도 세살문(김홍식, 한국의 민가)

고식 창살은 굵직한 정자(井字)살이고 들문(들어올려 여는 문) 형식이 많다. 또한 이들은 모두 징두리벽(중방) 상부에만 설치되는데 비가 들이치는 것을 막기 위해서이다. 조선 후기에는 나무를 켜는 톱이 실톱, 중톱, 동톱(나뭇결과 직각인 방향으로 자를 때 쓰는 톱) 등 많은 종류가 있어서 창살을 보다 가늘고 작게 가공할 수 있었기 때문에 굵은 정자살창이 가는 세살(띠살)창으로 변천해 간다. 종이가 찢어지지 않게 살의 간격을 좁히면서도 가로살은 중간 중간 생략하여 비용을 절감시켰다. 이러한 방식을 적용하면 웬만한 비바람에

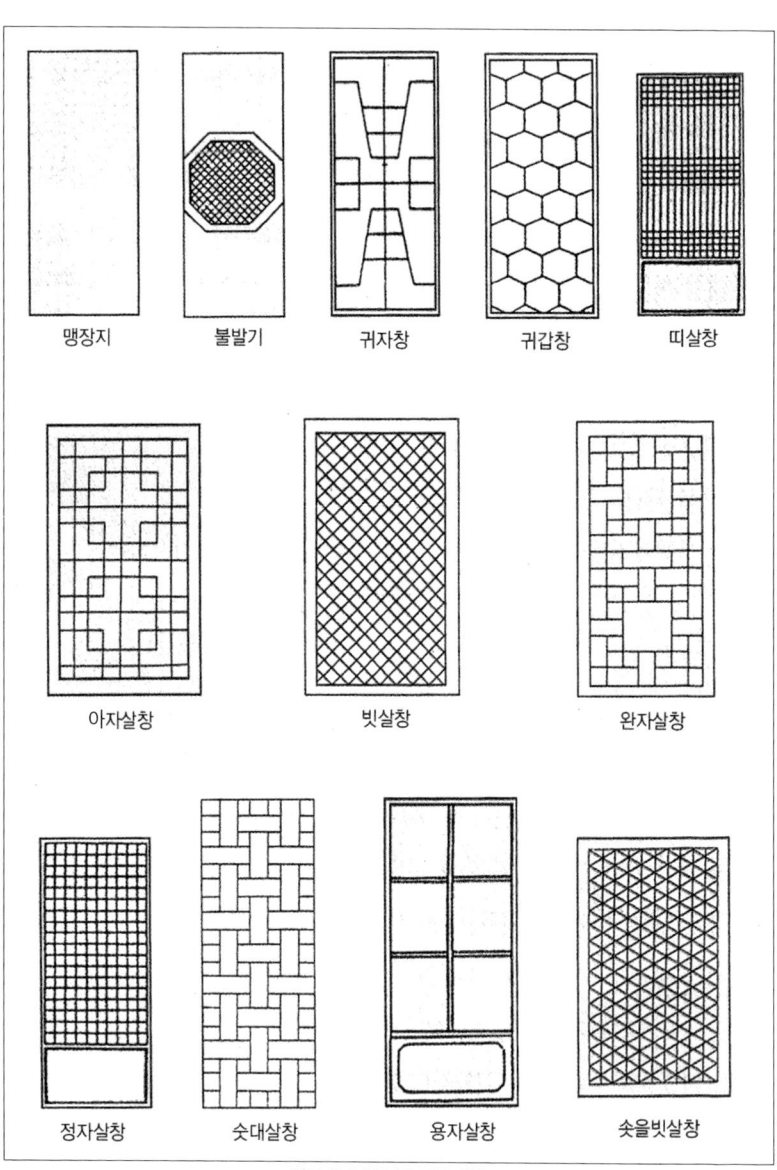

전통 창호의 종류, 문화재청

도 종이가 견디기 때문에, 창도 문처럼 기다랗게 빈지널(한 짝씩 끼었다 떼었다 하게 만든 문) 혹은 머름(미닫이 문지방 아래나 벽 아랫중방에 모양을 내기 위하여 대는 널)까지 내려온 쌍여닫이 창문 형태로 발전하였다. 따라서 문을 열지 않더라도 빛이 방안 깊숙이까지 들어올 수 있었고 당연히 주거환경도 좋아졌다. 이렇게 할 수 있었던 것은 물론 질기고 질이 좋은 종이가 공급될 수 있었기 때문이다.

그러나 종이의 질이 좋아졌음에도 불구하고 자연환경의 영향으로 조금씩 다른 형태의 창들도 만들어졌다. 제주도는 비바람이 세기 때문에 살을 더 가늘고 촘촘하게 세웠으며 외부의 창문은 반드시 비바람에 견딜 수 있는 판문으로 만들었다. 그리고 창살이 가늘기 때문에 창살에 새기는 쌍사(두 줄의 골이 지게 깎아 낸 것)도 깊고 날카로워 실선이 살아 있는 형식이다.

반면에 평양의 세살창문은 서울과 반대로 단다. 창문 종이를 안이 아니라 밖으로 붙여서 문을 열었을 때 창살이 밖으로 노출되고 닫혔을 때는 안으로 감춰지는 것이다. 이렇게 만드는 이유는 평안도에 눈이 많이 내려서 눈이 창살 사이에 쌓여 있다가 바람이 세게 불면 문종이가 터질 수 있기 때문이다.

우리나라의 기후는 대체적으로 이렇게 기상이 나쁜 날

이 별로 많지 않은 편이다. 따라서 특별히 날씨가 안 좋은 날을 위해서 세살의 덧문 안쪽에 살이 듬성듬성 들어가는 용(用)자나 이(亞)자, 만(卍)자 창살을 별도로 하기도 하였다. 이렇게 하면 덧창을 열었을 때 집의 문양이 아름다울 뿐 아니라 방안에 비추이는 빛 그림자도 아름다웠다.

그리고 이런 방식은 다른 상징적 암시도 내포하고 있었다. 덧문이 닫혀 있으면 아직 기침을 하지 않았으니 다가오지 말라는 뜻이고 열려 있으면 다가서서 기침을 하고 외부인의 접근을 알리라는 의미이기도 하다.

어떤 사대부의 부자집은 창이 세 겹으로 된 집도 있다. 방안에 빛이 투과 되지 않을 정도의 두께로 얇게 맹장지 창을 만들었는데, 비밀 이야기를 한다든가 나홀로 낮잠을 즐기기 위해 설치한 특이한 문이다. 이렇듯 조선 말기에는 다양한 형태의 창호가 제작되면서 그 화려함을 더해 갔다.

한편, 사찰 같은 권위건축에서는 정자(井字)살의 간격을 창살 깊이에 비해(보통의 경우 1.4배 정도임) 좁혀가는 방식을 택하였고 그렇게 함으로써 법당 안(내진)에 있던 문의 위치가 바깥(외진)에 자리해도 문종이가 잘 찢어지지 않게 되었다.

가공 기술이 발전하면서 이것은 다시 빗살과 솟을살문

구례 화엄사 각황전의 빗살과 솟을살문의 외부(위)와 내부(아래), 문화재청

으로 변천하였다. 정자(井字)살은 계절에 따라 빛의 세기에 기복이 심한데 비해 빗살이나 솟을살은 느낌이 동적이며 계절의 변화에 민감하지 않게 햇빛이 방안 깊숙이 들어오게 한다. 이 원리는 해의 높이와 좌우에

공주 마곡사 대광보전
창살, 문화재청

통도사 대웅전 꽃살문,
문화재청

따라 살의 그림자가 문종이에 어떻게 비출까를 생각해 보면 금방 이해할 수 있다. 해의 고도가 낮으나 높으나 어느 정도 일정하게 실내의 조도를 유지할 수 있다는 말이다.

조선후기에 상업이 발달하자 추상적이고 관념적이던 정자살, 세살 혹은 솟을살의 문양이 사실적인 꽃 모양을 살대 위에 조각하는 형식으로 바뀌어 간다.

그러다 마침내 강화도 정수사의 문처럼 '꽃살문'이라는 커다란 꽃으로 장식된 문짝의 형태가 널리 퍼져나갔다. 조선말기에 이르면 소백산 성혈사 나한전의 문짝처럼 하나의 예술작품인 듯 투각된 회화로 장식하기도

강화도 정수사 꽃살문, 문화재청

하였다.

이렇게 추상적 문양에서 장식적 문양으로 변천해가면서 꽃이 점점 난개하는 형식으로 발전하다 보니 장식 과다의 경향을 보이기도 하였다. 당시 사회가 장식 과다의 경향으로 변한데도 이유가 있지만, 숨은 이유가 있다면 수요는 많은데 비해 그것을 충족할 나무가 부족하였기 때문에 그 약점을 감추기 위한 하나의 방편이기도 하였다.

성혈사 나한전 꽃살문과 그 상세, 문화재청

네모기둥과 두리기둥 - 그 쓰임새의 다름

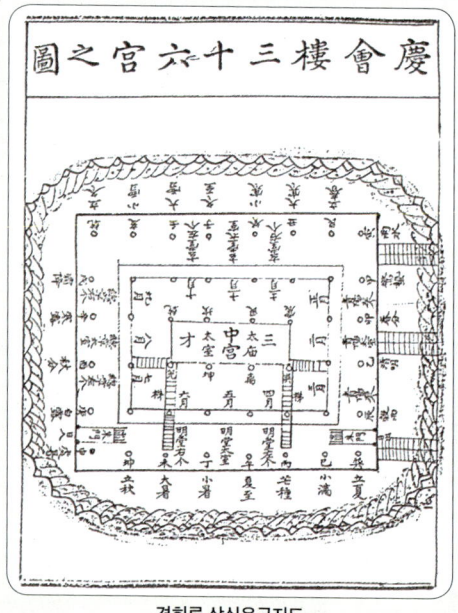

경회루 삼십육궁지도

우리는 흔히 옛 건축에서 두리기둥(둥근기둥)은 궁궐, 관아, 사찰 등의 권위적인 건축에서만 쓰고 민가나 격이 낮은 건물에서는 네모기둥으로 쓴다고 알고 있다. 그러나 우리 선조들이 반드시 그렇게만 구분해서 썼던 것은 아니다.

경회루를 보면서 자칫 우리가 간과할 수 있는 점은 겉 기둥을 네모꼴로 하고 안 기둥은 두리기둥으로 만들었다는 사실이다. 우리는 이것을 흔히 '하늘은 둥글고 땅은 네모난 형상'을 모사한 것이라고 얼버무린다. 그러나 이것이 전혀 다른 기능을 한다는 사실을 우리 선조들은 이미 알고 있었던 것이다. 무슨 내용이냐 하면 네모기둥은 공간을 가두는 역할을 하고 두리기둥은 공간을 열어주는 역할을 한다는 것이다.

우리나라에서 가장 규모가 크고 아름답다는 경복궁의 경회루는 하늘의 별자리를 담아냈다고 한다. 1년은 24절기이므로 이것을 다시 나눈 48개의 기둥으로 48절기를 표현했다. 이것은 하지, 동지, 춘분, 추분에 따라 기둥 그림자의 위치가 일정한 위치에 떨어진다는 사실을 말해 준다.

심지어 이러한 그림자로 앙부일구(조선 세종대에 만든 해시계)처럼 시각까지도 알 수 있었다.

두리기둥이 건물 내부 전체는 하나의 공간, 즉 통간으로 보이도록 하고 건물의 겉부분은 네모기둥으로 가둬서 바깥의 연못과 공간을 구분하려

경회루 전경에서 보이는 바깥 사각기둥, 문화재청

경회루 하층 내부의 두리기둥, 문화재청

했던 것으로 보인다. 건물의 겉까지 공간을 열려버리게 하는 것은 너무 황량해서 공간감(공간의 크기)을 느끼지 못하기 때문이다.

이러한 공간감을 만들어 내는 기술은 조선조 선비들이 만들었던 많은 정사, 제실에서도 볼 수 있다. 옛날의 교육은 지덕체의 전인교육이 목표였기 때문에 옛 선비들은 아름다움이란 무엇인가에 대한 음악과 미술, 심지어 체육 교육에까지도 많은 시간을 할애하였다. 마찬가지로 그들이 건축하였던 많은 서원, 정사, 제실에도 그들의 전인교육에 바탕을 둔 철학이 깃들어 있다.

하나의 예로 조그만 마을인 영양 석보(두들)마을의 석천서당을 보자. 석천서당은 마을 앞 전망이 잘 보이는 위치에 있으며 네모난 기둥과 두리기둥을 구별하여 쓰고 있는 작은 건물이다. 정면 4칸 집으로서 5개의 기둥이 있는데, 대청의 중앙 기둥과 양쪽 모서리의 기둥만 두리기둥으

영양 두들마을의 석천서당, 문화재청

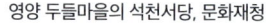

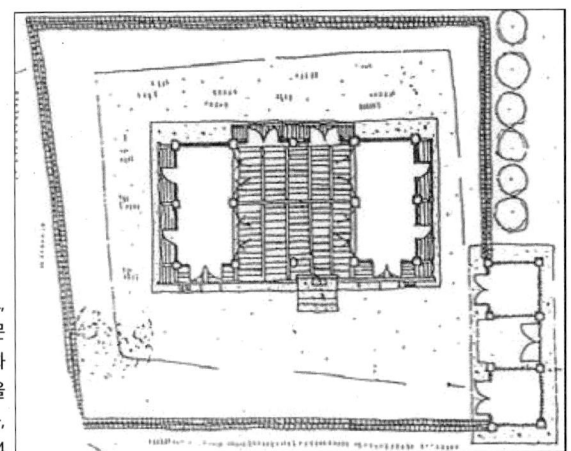

석천서당 평면도, 명지대부설 한국건축문화연구소, 전통문화마을 보존 전승을 위한 모델 개발연구, 1994

로 쓰고 있다. 중앙의 기둥은 2칸의 대청을 하나의 공간으로 느껴지도록 두리기둥을 세웠고 양 모서리의 기둥 또한 건물의 모서리가 각진 것을 싫어하는 한국적 정서를 반영해서 세운 듯하다. 나머지는 모두 면을 맞추어 공간을 가둬야 했기 때문에 네모기둥을 사용했다. 정말 조그만 건물인데도 이렇게 세심한 주의를 기울여서 축조한 것이다.

사진에서 보이는 정면의 돌계단은 제자들에게 고개를 숙이고 매사에 조심하라는 공경(恭敬)을 가르치기 위해 좁게 만들었지만 최근 들어 편리하도록 하기 위해 약 2배정도 넓게 개축하고 말았다. 필자가 문화재적 가치가 중요하니 고치지 말라고 그렇게나 말했지만, 현대는 주자학의 공경이라는 가치보다는 편함이 우선인 세상이 되어버렸나 보다.

이러한 네모기둥과 두리기둥의 기법을 쓰고 있는 또 하나의 걸작이 담양 소쇄원의 광풍각이다. 3칸×3칸의 건물 복판에 구들 한 칸을 두는 간잡이인데, 공간을 가둬야 하는 구들만 네모기둥이고 바깥 기둥은 모두 두리기둥을 써서 열어둠으로써 주변의 경관을 건물 내부로 끌어들이고 있다.

이 광풍각은 경회루와는 전혀 다른 방식을 쓰고 있는데, 내부공간이 큰 경회루는 인간적인 스케일로 공간을 닫은 데에 비하여 광풍각은 공간이 좁기 때문에 공간을 열어 둔 것이다.

이러한 예는 유교 건축뿐만 아니라 사찰에서도 많이 찾아볼 수 있다. 우리가 잘 느끼지 못하는 공간으로 집의 발굽(기단)과 처마 끝선이 있다. 이것에 그나마 공간감을 주기 위해 추녀 끝에는 활주(추녀를 받치는 기둥)를 세워두었다.

사실 이 활주는 힘을 받는 것이 아니라는 느낌을 주기 위해 일부러 비뚤게 세워 두었는데, 최근에 문화재를 보수하면서 힘을 잘 받으라고 이를 똑바로 세워놓는 웃지 못할 친절함을 보여주기도 했다.

다른 예로는 장흥 방촌마을의 장천재가 있다. 장천재는 ㄷ자 집으로 복판에 강당인 공부방이 있고 양쪽 날개에 누마루를 달고 있다. 동쪽 누마루는 낮고 안마당으로만 열려 있으며 앞쪽과 측면은 판문으로 닫아 두고 있다. 반면에 서쪽 누마루는 한단 높게 만들어졌을 뿐 아니라 사방을 틔우고 난간까지 둘렀다. 동쪽은 학생들의 휴식공간이고 서쪽은 선생님

담양 소쇄원의 광풍각,
문화재청

화엄사 각황전 활주,
문화재청

의 유식(遊息)공간임을 단번에 짐작할 수 있다.

이렇게 만든 이유는 닫힌 공간과 열린 공간, 다시 말해서 바닥의 높이 차를 통해 학생은 휴식 때도 외부와 시선을 차단해야 하고 선생이 유식(遊息)하는 모습도 보면서 배워야한다는 의미를 담기 위해서이다.

이 집 서쪽 누마루 구석에는 특별히 주리론자 방식의 차를 마시는 차방이 있어서 이채롭다.

정면에서 보이는 계단과 축대, 기단은 20세기 미학을 반영하여 거대하게만 만들어서 옛 선비들의 정취가 나고 있지 않지만, 좌우대칭으로 집을 세운 것을 보면 이 집 주인인 위백규 선생이 대단한 원리 원칙주의자였음을 짐작할 수 있다.

경산 자인향교의 활주, 문화재청

장천재 전경, 문화재청

장흥 장천재, 문화재청

 없는 듯 있는 계단 – 도깨비 혹을 떼다.

실상사 석등과 돌계단, 문화재청

남원 실상사의 석등은 높아서 등 안에 불을 붙이기가 힘들다. 따라서 비행기 트랩 같은 계단이 있어야 하는데, 불을 붙일 때마다 매번 옮기기는 불편하므로 돌로 조각하여 적당한 위치에 놓음으로써 오브제화 하였다. 이것이 올라서서 불을 붙이게 하는 단순한 기능품이 아니라 하나의 조각품이라는 느낌이 물씬 풍긴다. 계단의 챌판이나 디딤판의 높이의 비례라든가 자체의 조각은 일체 생략하여 석등의 조각과 대비를 이루도록 한 것을 보면 예사롭지 않다.

이렇게 (계)단을 떼어 놓은 방식은 누마루 집에서도 가끔 이용된다. 순천 낙안마을 동헌 앞에 있는 낙안루는 옛 사진과 발굴 자료들을 근거로 복원한 건물이다. 이곳의 돌계단은 건물로부터 떼어서 일정 높이까지 만들어 올린 다음 거기서 다시 나무계단을 놓아 누마루에 올라가도록 계획되었다.

순천 낙안마을 낙안루의 돌계단과 나무계단, 공유마당(신미숙)

또 다른 방법으로 계단의 폭을 아주 좁게 만들어서 덩어리의 부담감을 주지 않도록 하는 방법도 흔히 쓰인다. 양동 이원봉 가옥의 사랑채 앞 누마루는 쪽문 옆으로 두리기둥을 벽 앞에 세워 오브제로 쓰고 있고 그 위에 계자각 난간을 둘러 강조하였다. 그러나 누마루에 오르는 계단은 멀리 떨어져있다. 이 계단은 몇 개의 돌덩이 디딤돌로만 뜰팡(기단)에 오르고 여기서 다시 마루를 통해 누마루에 진입하도록 계획하였다. 계단이 몇 개의 돌로만 구축되어서 그런지 전혀 무거운 느낌이 나지 않는다.

양동 이원봉 가옥의 사랑채 앞 누마루와 계단돌, 문화재청

이와 유사한 개념으로 통나무에 홈을 파서 만든 계단도 있다. 경주 옥산서원 무변루의 누마루 계단은 통나무에 턱을 만들어서 오르내리도록 계획되었다. 누마루에 올라가는 계단이 디자인상 무거울 때는 이러한 통나무 디딤판을 썼던 것이다. 예를 중요시 하였던 이언적의 제자들은 이러한 계단을 축조하면서 후손들에게 옆 사람과 이야기도 하지 말고 겸손하게 땅만 쳐다보면서 한 사람씩 차례로 올라오기를 강제했다고 한다. 특이하게도 무변루 건축물을 축대에 바짝 붙이지 않고 굳이 떼어놓으면서 서원의 마루 바닥을 높인 이유는 대문에서 진입하는 사람이 무변루 밑을 지나면서 그 틈새로 서원 강당의 현판을 한 눈에 바라볼 수 있게 계획한 것이다.

경주 옥산서원 무변루의 누마루 계단, 공유마당(안장헌)

무변루 아래 축대 틈으로 본 옥산서원 현판

하회마을 충효당의 계단, 문화재청

좀 안타까운 사례들도 있다. 축조 당시 원래의 계단은 좁았는데 최근에 보수, 중수하면서 이를 크고 넓게 고쳐서 시각적으로 무거워 보이는 경우도 있다. 대표적인 경우로 안동 하회마을의 충효당과 담양 소쇄원의 제월당(계단을 2개로 늘렸다) 등이 그렇다.

건축 답사를 하다보면 가끔 볼 수 있는데, 하회마을 원지정사의 누마루에는 판자로 만든 계단이 집의 안쪽으로 들어가 있어 시각적으로 가볍게 보이도록 한 방식이다.

제월당 계단 댓돌(계단이 넓어지며 두개가 된 것은 잘못된 복원이다.), 공유마당(우종익)

하회마을 원지정사의 누마루, 문화재청

고성의 어명기 가옥은 외양간 상부 다락에 올라가기 위한 계단을 놓았는데, 시각이 투과할 수 있도록 맨 위의 챌판을 아예 생략하면서 계단이 무거워 보이지 않게 하였다.

이와는 다르게 올라가는 계단을 집 내부에 넣고 이를 가려서 보이지 않

고성 어명기가옥 외양간과 다락, 문화재청

게 하는 방법도 있다. 상주 우복종가(정경세 정사)의 대산루는 올라가는 계단 옆 마당 쪽을 막아서 계단이 외부에서 보이지 않도록 했다. 사진에서 보이는 것처럼 누마루 왼쪽으로 토담이 쳐져 있고 그 안쪽 퇴에 계단이 설치되어 있는 경우로 우리나라에서는 보기 드문 방식이다.

상주 우복종가의 대산루(위)와 토담 안쪽의 계단(아래)

앞에서 본 대산루처럼 계단을 숨기기는 커녕 반대로 오히려 계단을 두드러지게 높이는 방법도 있다. 남원의 광한루와 밀양의 영남루 등이 그러한데 이러한 계단 처리는 앞에서 본 사례들과는 디자인 개념이 전혀 다르다.

광한루 전경, 문화재청

남원 광한루 계단, 문화재청

밀양 영남루 전경, 문화재청

영남루와 층층각, 문화재청

옛 건축의 아름다움을 찾아가다.

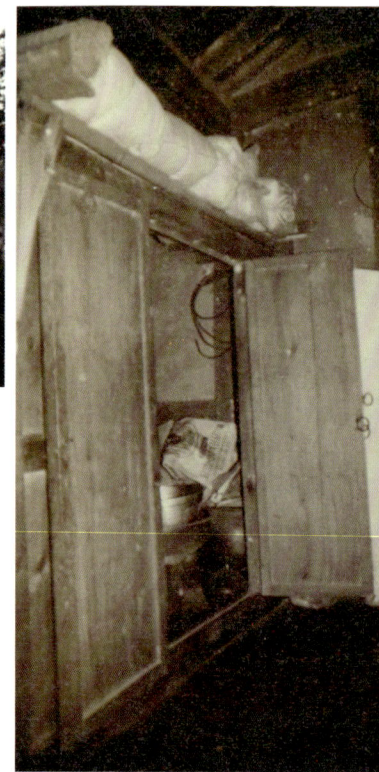

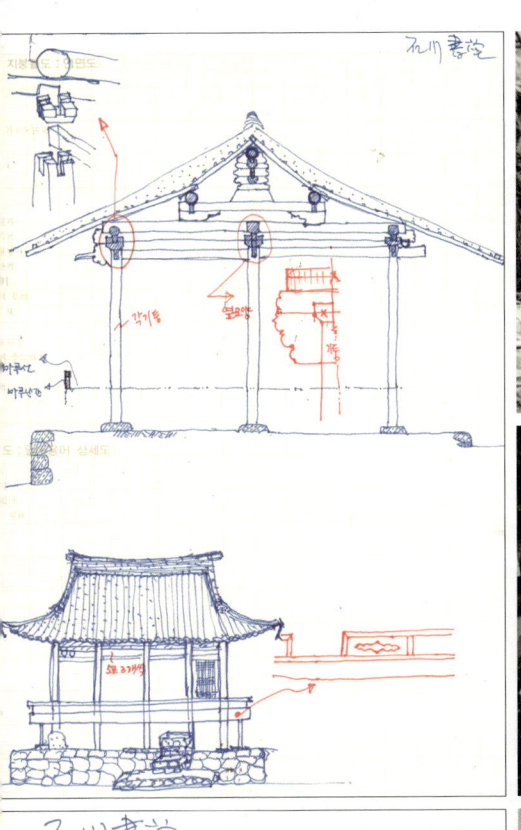

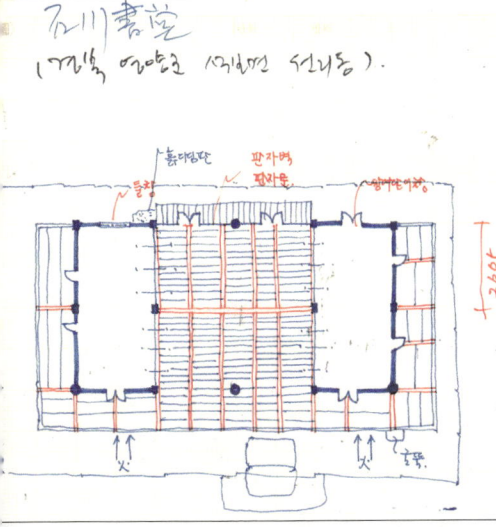

철학과 세계관의 문제를 둘러싼 건축산책로,

공간론을 풀어 본 건축산책로,

우리 옛 건축의 아름**다움**들을 들여다 본 건축산책로…

어느 산책로가 제일 편안하셨나요?